# O Transe Ritual na Umbanda
### Orixás, Guias e Falangeiros

Norberto Peixoto

# O Transe Ritual na Umbanda
Orixás, Guias e Falangeiros

2ª edição / Porto Alegre-RS / 2019

Capa e projeto gráfico: Marco Cena
Revisão: Marcio Coelho
Coordenação editorial: Maitê Cena
Produção editorial: Bruna Dali e Jorge Meura
Assessoramento gráfico: André Luis Alt

Dados Internacionais de Catalogação na Publicação (CIP)

P379t    Peixoto, Norberto
          O transe ritual na Umbanda: orixás, guias e falangeiros. / Norberto Peixoto. – 2ª. ed. – Porto Alegre: BesouroBox, 2019.
          152 p. ; 16 x 23 cm

          ISBN: 978-85-5527-098-7
          Obra publicada com o selo Legião Publicações

          1. Religião. 2. Umbanda - Rituais. I. Título.

CDU 299.6

Bibliotecária responsável Kátia Rosi Possobon CRB10/1782

Direitos de Publicação: © 2019 Edições BesouroBox Ltda.
Copyright © Norberto Peixoto, 2019.

Todos os direitos desta edição reservados a
Edições BesouroBox Ltda.
Rua Brito Peixoto, 224 - CEP: 91030-400
Passo D'Areia - Porto Alegre - RS
Fone: (51) 3337.5620
www.legiaopublicacoes.com.br

Impresso no Brasil
Dezembro de 2019

A Umbanda não foi criada para ser uma organização rígida com uma unidade pétrea de seus rituais e corpo doutrinário. Certo que encontramos muitas expressões ritualizadas diferentes, de conformidade com as consciências que se acercam dos milhares de terreiros existentes. Todavia, as diversas comunidades de terreiro mantêm em comum uma igualdade que podemos apontar como o "núcleo básico" ou ponto central inquestionável na Umbanda, a chamada mediunidade de "incorporação" ou transes mediúnicos induzidos por meio de ritos, que levam a estados alterados e superiores de consciência e à percepção dos planos suprafísicos.

*Ramatís*

# Sumário

Palavras iniciais ................................................................... 9

O que são Orixás, .............................................................. 13

Guias e Falangeiros? ......................................................... 13

O transe ritualizado ........................................................... 19

A incorporação lúcida ....................................................... 23

Os rituais de Umbanda ...................................................... 27

Os estados alterados e superiores de consciência nos terreiros ...... 33

Afinidade fluídica e sintonia vibratória ............................. 37

O medo e o médium iniciante ........................................... 41

As primeiras manifestações mediúnicas ........................... 45

Os caboclos desenvolvedores ........................................... 49

Exu clareia o lado sombra da personalidade .................... 55

Firmezas, preceitos e iniciações ....................................... 63

Os passes e as consultas espirituais .................................. 69

A fisiologia do passe mediúnico ....................................... 77

A pedagogia da Umbanda ................................................. 85

Por que os Orixás não incorporam? .................................. 91

A manifestação do Orixá anula o Ego ............................................. 95
Os regentes dos elementos planetários ........................................... 101
   – Orixás do elemento Ar com regência sobre
      a força de realização eólica: Oxalá e Iansã................................ 105
   – Orixás do elemento Terra com regência sobre a força
      de realização telúrica: Oxossi, Omulu/Obaluaê e Nanã ............. 107
   – Orixás do elemento Fogo com regência sobre
      a força de realização ígnea: Ogum e Xangô ............................... 111
   – Orixás do elemento Água com regência sobre
      a força de realização hídrica: Iemanjá, Oxum e Obá .................. 115
O corpo em transe, sensações e comportamentos gestuais ............... 121
   – O transe sob a irradiação dos Orixás do Ar
      ou força de realização eólica: Oxalá e Iansã .............................. 123
   – O transe sob a irradiação dos Orixás da Terra ou força
      de realização telúrica: Oxossi, Omulu/Obaluaê e Nanã ............. 126
   – O transe sob a irradiação dos Orixás do Fogo
      ou força de realização ígnea: Ogum e Xangô ............................ 135
   – O transe sob a irradiação dos Orixás da Água
      ou força de realização hídrica: Iemanjá, Oxum e Obá ................ 138
As linhas de trabalho ........................................................................ 143

# Palavras iniciais

Quando jovem, um menino ainda, por várias vezes presenciei minha mãe carnal incorporada na preta velha Vovó Maria do Rosário. Certa feita, ao sair da escola, na esquina próxima, havia um belo despacho, cheio de doces e algumas moedas. Era o mês de setembro no Rio de Janeiro, década de 1970, semana de comemorações de São Cosme e São Damião. Na Umbanda, data de muitos rituais de louvação ao Orixá Ibeji. No imediatismo inocente de criança, peguei as moedas, fui tomar guaraná e comer mariola em uma padaria próxima com o dinheiro. Na manhã seguinte não saio mais da cama, caído num sono febril. Passados três dias nesse estado, meus pais, já muito preocupados, preparam-se para me levar ao médico. Repentinamente, minha mãe, em pé na cozinha, dá uma sacudidela com o tronco para trás e tremelica todo o corpo – estabilizada a manifestação do transe, a entidade Vovó Maria do Rosário fala – não mais minha mãe – *que estava em terra para ajudar o filho doente*. Ato contínuo, vai até meu quarto, admoesta-me para não pegar mais "coisa" na encruzilhada, lembra-me das moedas no despacho, que teria absorvido uma energia descarregada que não era minha. Vai até o quintal, apanha alguns galhos de arruda e com um copo da água, me benze. Recita uma reza forte, esparge-me água com os galhos verdes e cheirosos da arruda. Novamente uma sacudidela para trás com leve tremelico do corpo, desincorpora. Minha mãe, de volta, espantada, pois estava na cozinha e "acorda" no quarto, nada se lembra do ocorrido até hoje. Afirmo que ninguém sabia da minha peraltice na encruzilhada, não falei nada, o evento caiu no "esquecimento", mas não do lado de lá.

Aos 7 anos de idade fui batizado na Umbanda na Cachoeira de Itacuruçá, no interior do Rio, após uma urticária que saiu por toda a pele. Só fui curado no terreiro, aos pés do preto velho do dirigente, Sr. Chico, genuíno descendente de angolanos, na época com terreiro localizado na Pavuna, periferia da cidade do Rio, mesmo bairro do primeiro templo de W. W da Matta e Silva – Mestre Yapacani. A partir de então me tornei cambono mirim. Auxiliava os médiuns em transe, incorporados nas entidades durante as sessões de Umbanda na comunidade de Almas e Angola de Pai Chico. Uma época marcada por fenômenos físicos; braseiros que não queimavam os pés; ponteiras de aço jogadas a esmo para o alto e ao caírem penetravam no chão, todas em pé sempre; lindas borboletas que entravam à noite no terreiro pousando no congá; e curas, muitas curas. Época da mediunidade de efeitos físicos e de uma preponderância da inconsciência nos estados de transe.

Relembrei alguns fatos marcantes da minha história de vida na Umbanda para situar o leitor que a manifestação espiritual por meio dos transes ritualizados foi, é e será, por toda minha existência humana, algo perfeitamente natural, intrínseco ao potencial anímico e mediúnico de todo médium "cavalo de santo".

A pesquisa experimental aliada ao estudo constante dos fenômenos psíquicos no terreiro é algo que motiva meu espírito. Entender a comunicação entre dimensões vibratórias diferentes, desmembrar os meandros ocultos e obscuros para nós, de uma maneira geral ainda pouco entendidos, de ocorrências cognitivas e sensórias que nos tiram do estado ordinário de consciência em vigília, decorrente da mente dos médiuns atuada durante os estados alterados e superiores de transe, por habitantes de um mundo hiperfísico, não natural para nós, faz-se cada vez mais necessário. Precisamos desconstruir conceitos equivocados e diminuir o preconceito vigente com as religiões de transe, notadamente no Brasil a Umbanda e os cultos afro-brasileiros.

No universo da experimentação prática no terreiro, vivencio como somos guiados por forças originadas além da matéria. O mundo que vivemos é uma ilusão e transitório. A percepção e o descortinar da verdadeira certidão de nascimento, que nos comprova donde viemos e para lá voltaremos, passa inexoravelmente pelos espíritos e as forças da natureza.

Na Umbanda entendemos como Orixás os poderes de realização divinos, estruturantes e mantenedores dos elementos planetários, ao qual todos os indivíduos humanos, pensantes e sencientes, enfim vivos no corpo humano, estão imersos e dependem para viverem.

Compreender melhor o universo das manifestações psíquicas, tão comuns nos terreiros por este imenso Brasil, é compromisso de todos os devotos da religião com os Orixás, sejam umbandistas ou de outras denominações de culto.

Aqui e acolá mudam os ritos e liturgias, mas os Orixás são os mesmos. Se universalizam e cada vez mais, no imaginário do Brasileiro, todos nós somos seus filhos.

Axé.
Norberto Peixoto.
18 de setembro de 2017.

# O que são Orixás, Guias e Falangeiros?

Podemos dizer que a palavra Orixá, em seus aspectos básicos de interpretação, significa: "luz do senhor", "mensageiro", "força da cabeça". "Ori" significa "cabeça", elemento fundamental para o pensamento contínuo dos seres encarnados, como se fosse uma caixa de ressonância da mente extracorpórea.

O discernimento e o poder criativo da mente ressoam na caixa craniana que abriga o cérebro, mas verdadeiramente sua fonte geradora está num duplo em outra dimensão vibratória, uma força característica, de cada espírito individualizado, sua essência divina particularizada e diferenciada do Criador, o senhor da força sutil, regente de toda a natureza criada, manifestação diferenciada das qualidades e fatores de Deus.

Afirmamos que o Orixá de cada individualidade não tem a ver com uma entidade extracorpórea, mas originalmente com uma essência primordial, interna que o acompanha, energética e vibratória, cósmica, que influencia o modo de ser e o destino de cada consciência – Ori – seja encarnado ou desencarnado.

Foi pelas histórias de heróis humanos mantidas pela oralidade, de geração a geração, que se preservaram os conhecimentos das essências ou fatores divinos da cosmogonia religiosa dos Orixás. Com as lendas e antropomorfismo de cada Orixá (fator divino), eles são interpretados como humanos com poderes sobrenaturais para exercerem o domínio sobre um reino da natureza. Pela representação simbólica de seus aspectos comportamentais, com atributos de divindade materializados numa personalidade, aproxima-se o intangível sacralizado do tangível profano. O sagrado passou a fazer parte da manifestação das almas encarnadas e o próprio corpo o receptáculo, por meio do transe ritualístico, momento que se une num mesmo espaço o passado e o presente, o espiritual e o físico, resgatando do inconsciente para o consciente o aprendizado milenar do espírito arquivado em seu inconsciente profundo.

Em sua essência primordial são altas irradiações cósmicas indiferenciadas, antes do rebaixamento vibratório até o plano em que vive a humanidade, propiciando a expressão da vida em todo o planeta.

Assim como é em cima é embaixo. O ser humano é um microcosmo reflexo do macrocosmo. Não por acaso o organismo físico em funcionamento contém todos os elementos planetários: ar, terra, fogo e água. Todos nós temos, a cada encarnação, a influência mais intensa de um determinado Orixá, que podemos chamar de "Pai de Cabeça". Essa força cósmica, regente de frente, é conhecida como Eledá, a responsável por nossas características físicas e psicológicas, de modo que reflitamos os arquétipos ou características comportamentais peculiares ao Orixá que nos rege. Os demais Orixás que nos influenciam são conhecidos como Adjuntós ou Juntós – e têm especificidades conforme a ordem de influência, da maior para a menor, em segunda, terceira, quarta e quinta estância, ou atrás e na lateral esquerda e direita da cabeça, compondo o que denominamos na Umbanda de coroa mediúnica do médium.

Atuam ainda na coroa do médium de Umbanda, os espíritos Guias e as Entidades que tem compromisso com a tarefa mediúnica, abraçada juntamente no Plano Astral antes da reencarnação do médium. Os espíritos na Umbanda trabalham enfeixados por linha vibratória, que por sua vez se organizam por Orixá, tema que aprofundaremos num próximo capítulo.

Na Umbanda, de uma maneira geral, não consideramos os Orixás espíritos individualizados em evolução. Embora nossas irmãs das religiões afro-brasileiras entendam, majoritariamente, os Orixás como ancestrais divinizados, ou seja, espíritos que já encarnaram no passado e foram heróis em suas comunidades e nações, os incorporando numa linha de ancestralidade remota. Na concepção teológica rito-litúrgico que predomina na Umbanda, os Orixás são energias criativas divinas de alta voltagem sideral, impossíveis de serem expressas e incorporadas pelo mediunismo de terreiro. Quem se manifesta pela mecânica de incorporação são os espíritos falangeiros dos Orixás, que trabalham agrupados por linha, que, por sua vez, estão agrupadas pela irradiação de cada Orixá.

Por outro lado, é possível entrar em transe ritual, anímico, que caracteriza os estados alterados e superiores de consciência e se manifesta os Orixás, o que é um processo diferente da mecânica tradicional de incorporação. Ocorre que de regra, o transe na Umbanda é mediúnico e acontece para que haja a comunicação oral dos espíritos manifestantes com os consulentes. É a tradicional incorporação, em que o corpo astral da entidade comunicante interpenetra o corpo astral do médium. Obviamente a intensidade deste mecanismo varia de médium para médium, em conformidade com sua sensibilidade; da irradiação intuitiva à semiconsciência, situação em que o medianeiro se lembra vagamente do que falou nas consultas.

Os cultos ritualísticos que manifestam os Orixás ocorrem preponderantemente por um processo arquetípico anímico de transe, que flui do inconsciente do sensitivo, sem incorporação por uma entidade externa (acontece de dentro para fora). Os Orixás de regra não falam e se manifestam nas danças coreográficas que reconstroem suas origens mitológicas, e a partir do transe ritualístico se "humanizam", expressando-se no corpo de quem os "recebe". O gestual simbólico que realizam revive o mito antigo e harmoniza o ambiente e o inconsciente coletivo dos circunstantes, que se ligam reciprocamente por laços de afinidade espiritual, no mais das vezes fruto de encarnações passadas em clãs religiosos africanos, e aí rememoram a mitologia ancestral pelos movimentos, vestes, sons, cores e gestos das manifestações – estados alterados e superiores de consciência.

Os centros umbandistas ligados a uma ancestralidade africana mais acentuada podem concomitantemente com os espíritos falangeiros, praticarem em seus ritos internos os toques, cantos e louvações litúrgicas para os Orixás, acomodando-se pacificamente o transe anímico ao mediúnico. Os mentores da Umbanda convivem harmoniosamente com a diversidade.

São "infinitas" as possibilidades de interpolações rituais, dado a liberdade que todo sacerdote umbandista, juntamente com seus Guias Astrais, tem de elaboração litúrgica. Essa "elasticidade" de opções fortalece a Umbanda sem descaracterizar seu corpo normativo central, ditado pelo Caboclo das Sete Encruzilhadas, permitindo que cada terreiro tenha uma "identidade" própria, contudo, todos sendo Umbanda. Ao contrário do que preconizam muitos cidadãos afeitos as purezas doutrinárias e cartilhas prontas, temerosos do desconhecido e de "novidades", acomodados que estão no tédio do já sabido assim como a preguiça não pula de galho tão facilmente. Os transes rituais induzidos na Umbanda resgatam estes arquétipos, dos Orixás, e funcionam como potentes catalisadores para a manutenção da saúde e também da cura e autocura umbandista.

No dia a dia dos terreiros, não é incomum nos referirmos aos enviados dos Orixás como sendo o próprio Orixá. Então, um Caboclo de Ogum, Oxossi ou Xangô é chamado respectivamente de Ogum, Oxossi ou Xangô.

Concluindo, existem ainda os Orixás individuais de cada médium, que compõem a coroa mediúnica pessoal, isto é, o Eledá e os Adjuntós. Então, podemos dizer que associados ao Ori – cabeça – de cada medianeiro se aglutinam os Guias e Guardiões espirituais, espíritos que são consciências, têm inteligência e compromisso de trabalho com o médium, que se farão manifestar por meio da mecânica de incorporação, irradiação intuitiva, inspiração, vidência, audiência e demais "dons" mediúnicos, nas tarefas caritativas que foram previamente combinadas no Plano Astral antes do reencarne do médium.

# O transe ritualizado

Conceituamos transe como uma experiência incomum – o que não quer dizer anormal –, vivenciada num grupo de pessoas sensitivas, ou médiuns, passível de observação sistematizada num terreiro de Umbanda. É um estado alterado e superior de consciência, uma experiência psíquica incomum que não se enquadra no paradigma científico, mas que não significa algo patológico, que se assim o fosse deveria ser observado pela medicina e não nos terreiros. Trata-se das capacidades anímicas e parapsíquicas intrínsecas ao espírito encarnado, que despertadas "rompem" os tênues limites sensórios do corpo físico, assim como a crisálida rasga o casulo para a borboleta voar.

Nos transes acontecem experiências que transcendem as leis da natureza ou a base de conhecimentos estabelecida pela ciência atual. Temos que considerar que os fenômenos extrassensoriais, tais como percepções mentais além dos sentidos ordinários do corpo físico e da consciência, em estado de vigília, extrapolam os limites convencionais de espaço e tempo e são amplamente vivenciadas nos terreiros de Umbanda, fazendo parte de métodos ritualísticos controladores e indutores aos mesmos.

Ao contrário do que ocorre com muitos estudiosos espiritualistas e acadêmicos das ciências sociais, psicológicas e teológicas, que estudam as religiões de transe observando-as "de fora para dentro", carecendo de focar a vivência fazendo parte de um grupo mediúnico, nossa abordagem é de "dentro para fora", decorrência da condição de médium, pesquisador e zelador de terreiro do autor.

Objetivamos elaborar um guia de estudos a muitos que vivenciam sua mediunidade na Umbanda e não encontram respostas satisfatórias para compreender o que acontece em seu mundo íntimo psíquico, notadamente nos transes com Orixás, Guias e Falangeiros, experiências ainda polêmicas e não amplamente compreendidas na diversidade umbandista, por vezes repletas de religiosismo exagerado, misticismo infantil, dogmas e crendices pétreas que atrasam o melhoramento psicológico e de caráter do ser humano.

As experiências de manifestação dos Orixás na Umbanda, precisam de maiores elucidações sobre as expressões anímicas do inconsciente durante os transes. Vamos insistir neste tópico e voltaremos com maiores aprofundamentos. Devemos pesquisar mais e reelaborar postulações baseadas no "já estabelecido", no imexível, sustentadas por conceitos fossilizados no passado. No momento planetário que vivemos de transes conscientes, a paralização no "já sabido" contribui para a manutenção do preconceito vigente, na sociedade leiga e em parte significativa dos terreiros "umbandistas", contra a tudo que nos remete a origem africana da Umbanda. O pensamento maniqueísta vigente, dicotômico, que divide o homem no eterno duelo entre o anjo e o demônio, o bem e o mal, amedronta-nos quanto à nossa real natureza cósmica; bloqueia-nos para que percebamos a potencialidade de nosso espírito imortal.

Por outro lado, certas lideranças formadoras de opinião das religiões afro-brasileiras da diáspora, comportam-se radicalmente como "proprietárias" dos Orixás, esforçando-se para trazerem para si um pseudo poder de iniciação, como se não fosse possível a manifestação dos Orixás na "cabeça" dos filhos além dos limites metodológicos rito-litúrgicos preservados por eles. Pensemos os métodos rituais e liturgias reelaborados no Brasil; adaptações e hibridismos sincréticos entre as nações que por sua vez não existem em sua "pureza" original em África.

Nesse olhar, um Babalaô ou Babalorixá africano poderia trazer para si a "propriedade" iniciática dos Orixás, excluído o que se pratica pelas bandas de cá, tão arduamente mantido pelos ancestrais escravizados aqui. O caminho não é de intolerância e de exclusão, ensinam-nos os mestres astralizados comprometidos com esta ancestralidade, mas de bom senso e de constante esforço de ressignificação, pois a tradição mais antiga no Cosmo é que tudo está em constante mudança.

Há que se esclarecer definitivamente: a religião de Umbanda não é uma degeneração de outras religiões, mas inquestionavelmente a terapêutica eletiva e necessária, fruto do sentido comum predominante na religiosidade do brasileiro. A Umbanda é uma vivência ritualista, o que não a diminui diante das outras formas organizadas de doutrinas mediúnicas que se baseiam em roteiros e diretrizes de trabalho. Reconheçamos que a verdadeira religiosidade ocorre no íntimo de cada ser, e não pela mera aplicação de fórmulas exteriores. E, atualmente, já temos comprovações da medicina, especificamente da psiquiatria, que mostram serem os rituais religiosos mediúnicos invariavelmente associados ao benefício à saúde.

Os rituais religiosos públicos, como as sessões de caridade umbandistas para a assistência, e privados – iniciações internas/sessões de desenvolvimento mediúnico – são métodos poderosos para manter a saúde mental e para prevenir o início ou a progressão de distúrbios psicológicos. Ajudam a pessoa a enfrentar o terror, a ansiedade, o medo, a culpa, a raiva, a frustração, a incerteza, o trauma e a alienação, a lidar com emoções e ameaças universais, oferecendo um mecanismo para delas se distanciar ou conviver melhor. Reduzem a tensão pessoal e do grupo, a agressividade, moderam a solidão, a depressão, a sensação de não ter saída e a inferioridade.

A falta de frequência a uma religião ou de pertencimento a uma comunidade religiosa ainda nos priva, por nosso individualismo primário, dos benefícios produzidos pelos rituais encenados pela maioria, caminhos antiquíssimos para a saúde psicológica, pois incorporam cognições, filiação grupal, ação litúrgica coletiva e catarses individuais, como as chamadas "incorporações" dos terreiros – estados alterados e superiores de consciência – de entidades espirituais.

# A incorporação lúcida

É impensável que um dirigente espiritual não saiba como lidar sem deslumbramento com as sutilezas da mediunidade de incorporação, incentivando a fascinação e o domínio de entidades menos esclarecidas que só oferecem subsídio para que a associação, com crenças e atitudes de submissão, adoração ao ego do sacerdote e engrandecimento de sua vaidade, nublem o discernimento quanto às experiências psíquicas que acompanham todos os médiuns, em maior ou menor grau de fenomenologia, independentemente de fé pessoal, liturgias ou rituais religiosos.

Além desses aspectos, é um desafio constante aos zeladores de terreiro a investigação sistemática, dada a complexidade dos fenômenos e a falta de autoconhecimento e estudo por grande parte dos médiuns umbandistas, que ainda são acomodados em nada fazer e são de opinião que o Guia deve fazer tudo.

Deve-se estimular o diálogo pedagógico, amparado por um trabalho investigativo constante, e adotar um olhar amoroso e disciplinador em relação aos estados alterados e superiores de consciências, comuns hoje nos transes, correlatos e subjacentes ao exercício da mediunidade no terreiro como o são as incorporações, um tipo de transe mas não o único, independentemente de diferenças rituais que possa haver entre uma agremiação e outra, já que os relatos se repetem, sejam quais forem os ritualismos que organizam e estruturam o método de indução aos respectivos transes.

Vamos definir incorporação, o que não tem nada a ver com um espírito entrar dentro do nosso corpo físico, como a sensibilidade de sermos influenciados por uma entidade habitante do Plano Astral, que se nos aproxima e se "acopla" ao nosso perispírito e chacras etéricos, fazendo-nos entrar num estado alterado e superior de consciência. Sendo assim, evidenciamos que o fenômeno acontece de fora para dentro. Este conceito é fundamental para entendermos a manifestação dos Orixás, que se dá inversamente a tradicional incorporação, pois ocorre de dentro para fora, do inconsciente para o consciente. Explicaremos melhor mais adiante.

A Umbanda ainda não conseguiu uma organização suficiente para a unidade de seus rituais e corpo doutrinário. É certo que encontramos muitas expressões ritualizadas diferentes, de acordo com as consciências que se acercam dos milhares de terreiros; todavia, os diversos grupos existentes mantêm uma igualdade que podemos apontar como o "núcleo básico", ou ponto central inquestionável, a chamada mediunidade de "incorporação", um tipo peculiar de transe mediúnico induzido por meio de ritos disciplinadores.

Existem outras denominações filosóficas, religiosas e doutrinárias que afirmam que os rituais são dispensáveis e um atraso e primarismo espiritual. Não é para este público, "superior" à massa umbandista e "detentora" da verdade que nos dirigimos. Entendemos que os rituais nos organizam para nos conectarmos com os mais fortes aliados na "luta" para melhorarmos intimamente; os espíritos ancestrais, conhecidos e cultuados entre quase todas as civilizações antigas, notadamente as orientais, silvícolas e africanas, em se tratando do universo da mediunidade de terreiro, os antepassados fundamentais na formação da doutrina umbandista, com origem nos cultos religiosos da velha África, amalgamados com o xamanismo brasileiro e com os conceitos reencarnação e preexistência da consciência provindos do Oriente.

Obviamente que as percepções advindas dessa experiência mediúnica com os espíritos ancestrais, diferem das vivenciadas com os Orixás, todavia ambas contribuindo para o fortalecimento da identidade atual do indivíduo e acabam somando-se ao seu modo de ser em estado de vigília, como potencialidade psíquica que se harmoniza e se integra gradativamente à sua consciência. Muitas vezes, existem graus diversos de parentesco com as entidades espirituais, numa linha de ancestralidade muito antiga, tendo sido pais, mães, filhos e filhas uns dos outros, o que desperta intensa e profunda emoção.

Carregamos em nosso inconsciente a potencialidade do Orixá intrínseca ao tônus psíquico de cada indivíduo, potencial que pode eclodir a qualquer momento como um transe anímico lúcido, um estado alterado e superior de consciência que "explode" tornando-nos "divinos" de dentro para fora, expressando um largo e ainda desconhecido amplexo espiritual, como se fôssemos por um breve momento unidade em Deus ou com Deus.

Naturalmente, com o tempo, o médium de terreiro tendo regularidade nos rituais elaborados para a indução ao transe mediúnico, com seus sons, cheiros, cores e ritmos peculiares estará fortalecido em suas experiências místicas transcendentais, aflorando-lhe o sentimento intuitivo do Universo e de unidade com o Cosmo, levando-o muitas vezes a ter percepção de um passado remoto, como se uma linha de ancestralidade o fizesse retornar ao seio de um grupo de seres ancestres primordiais, o que explica a origem verdadeira da religião, que é fazer a religação com o Criador dentro de Sua criação.

# Os rituais de Umbanda

O fundamento principal do progresso e do êxito de qualquer trabalho mediúnico está nos objetivos elevados dos integrantes. Só assim entidades zombeteiras e de baixo escalão vibratório não conseguirão interferir nas atividades medianímicas, independentemente do método ritual aplicado.

Muitos ainda têm preconceito em relação à Umbanda por causa de seus rituais, esquecendo sua essência em detrimento das aparências externas. Quase sempre o que os olhos veem o coração não sente, assim transferimos para os diferentes de nós, da maneira que julgamos certo, uma falsa e impositiva sentença de inferioridade e imperfeição. Quem assim age sente-se superior e mais evoluído, como se fossem juízes supremos.

As criaturas desconectadas da realidade espiritual se iludem com as formas aparentes externas e exigem do outro que aja como julgam ser o certo, diante da "verdade" que pretendem possuir. Assim, ali o cristão católico alega que só com o sacrifício de Jesus existe salvação; acolá, o candomblecista considera suas rezas mais fortes que os fracos umbandistas; aqui, o espírita atribui todo o poder de realização aos espíritos mentores e atribuem qualquer rito a seres atrasados; lá, o umbandista da "Nova Era" prega a prática de uma Umbanda pessoal em sua residência e declara a falência de todos os terreiros organizados: a maioria impõe seu ponto de vista aos outros, esquecendo-se de que Deus é um só e independe de crenças pessoais ou de rígidos códigos e dogmas de uma religião.

Diante do atual estágio de evolução das consciências, os rituais ainda são necessários e benéficos, se movidos com objetivos superiores de amor e respeito incondicional ao próximo. Mesmo entre os espíritos no Espaço existem ritualismos que abalam as velhas convicções dos que retornam à pátria espiritual eivados de predisposições sectárias condenáveis, por alimentarem o falso senso de superioridade em relação a outras formas de intercâmbio mediúnico que não sejam as preconizadas pelas doutrinas que abraçaram em Terra.

Os rituais de Umbanda adotam uma lógica de assimilação de grande porosidade, isto é, "ligam-se" às suas origens africanas, as quais mantiveram vivo o panteão dos Orixás amalgamados com a herança cabocla, da pajelança e do xamanismo, e se imbricam com o catolicismo popular, com o espiritismo, instruindo sobre os mecanismos mediúnicos e estruturando práticas iniciáticas de grande plasticidade, em razão da absorção em maior ou menor grau dessas diferentes formas religiosas. Estabelece-se uma capacidade ímpar de adaptação ao novo, em que qualquer elemento de outra religião da atualidade pode ser abarcado sem descaracterizar a essência da Umbanda, "a manifestação do espírito para a caridade".

Equivocadamente, a ideia vigente de "sincretismo" no seio de religiões e doutrinas "puras" vulgariza os rituais de Umbanda como sendo algo primitivo, de excessos alegóricos, sem fundamento, mas isso de fato é uma incompreensão dos que foram confinados à escravidão das "verdades" únicas. Na realidade, a Umbanda é uma religião aberta ao atípico e inesperado desde sua prática inicial, à época da manifestação do Caboclo das Sete Encruzilhadas, até os dias de hoje, pois elabora tipos, memórias e sentidos normalmente marginalizados e excluídos do contexto social e religioso ortodoxo vigente, permitindo o aparecimento de novas entidades e a recriação de outras.

Os rituais que sustentam as sessões de Umbanda são um meio de organizar essa diversidade, sem perder a essência inicial, "a manifestação do espírito para a caridade". Sendo assim, a religião umbandista mergulha profundamente no inconsciente coletivo, buscando ininterruptamente nesse manancial espiritual diverso sua fonte de inspiração, ao transformar figuras do cotidiano popular, expressando-as em seu mais profundo significado psicológico para o melhoramento anímico-consciencial: a austeridade do caboclo, a humildade do preto velho, a irreverência dos baianos, a alegria dos ciganos, a gargalhada de exu, a concentração dos orientais, a força dos boiadeiros, o choro da cabocla das águas, o brado do flecheiro da jurema, ou seja, um mosaico universalista em que os rituais são a mera costura da diversidade de espíritos, respeitando suas peculiaridades, sem falsas padronizações.

Assim como o vento que balança as folhas de uma floresta, sem se importar com as espécies das árvores que a sustenta, a plasticidade do universo umbandista se dá pela afluência com outras religiões, numa ampla gama combinatória que vincula seus médiuns a uma múltipla composição com as entidades mantenedoras da religião, cujas manifestações se organizam em Orixás, linhas e falanges, que nem sempre são iguais de um terreiro para o outro, o que não é motivo de conflito, pois o que realmente importa é a essência do trabalho espiritual que está sendo realizado.

O dinamismo e diversidade da Umbanda é equivocadamente interpretado como perda de identidade. Umbanda não é uma degeneração ritual de outras religiões, mas a terapêutica eletiva e necessária ao sentido comum predominante na religiosidade do brasileiro.

A espontaneidade para reinterpretar fundamentos e tradições do passado, unindo conhecimentos semelhantes e agregando espíritos ancestrais como enviados dos Orixás e personagens espirituais típicos de culturas que formaram o povo brasileiro, mostra-nos uma costura profunda para nos vestir melhor, elaborada por nosso Deus Criador. Da mesma forma como todas as estrelas do firmamento são fontes de uma única luz, variando em intensidade, frequência, tamanho e luminosidade, o microcosmo umbandista garante uma unidade doutrinária capaz de abraçar diversas linguagens, tecendo um grandioso roteiro pedagógico que objetiva educar-nos na convivência fraternal.

É uma busca constante por interpretar e conviver com as diversas combinações rituais possíveis pelo canal da mediunidade, cada uma agregando-se com uma plêiade de espíritos com cultura e modo peculiares, mas todos unidos aprendendo com os que sabem mais e ensinando aos que sabem menos. Com isso, nessa multifacetada linguagem espiritual dos terreiros de Umbanda, tornamo-nos gradativamente consciências mais amorosas, num processo que exige a interiorização constante que só se adquire com o tempo e o melhoramento de caráter, que por sua vez nos aperfeiçoam com a repetição metódica da prática ritual.

Os rituais de Umbanda conduzem os cidadãos a uma vivência fruto de releituras de outras práticas e princípios doutrinários, notadamente africanos e ameríndios, católicos e espíritas, que regem as relações das criaturas com o mundo dos espíritos, e daí conduzem a um processo de religiosidade libertador e benfeitor. É notório que essa lógica inclusiva permite a existência da Umbanda sem estar "aprisionada" a uma única forma ritual. Por essa razão, toda e qualquer tentativa de uniformização que objetive uma possível codificação está fadada ao fracasso.

A pluralidade se manifestou desde o início, em solo pátrio, pois a Umbanda não foi plasmada pelo Alto para ser mais uma religião codificada, eivada de códigos rígidos emanados de um corpo sacerdotal ungido e sacralizado, à frente da maioria de adeptos profanos e imperfeitos. Essa ampla frente de trabalho abarcou o máximo de consciências em menor tempo possível e demonstra, sob seu pano de fundo de execução ritual, a unidade na diversidade: a evolução do espírito imortal que deve aprender a conviver com diferenças que não separam, mas unem num mesmo propósito existencial: auxiliar o próximo e exercitar o amor incondicional, tão bem exemplificado pelo Caboclo das Sete Encruzilhadas.

Logo, *o ritual de uma sessão caritativa de Umbanda* é dos mais importantes e determina toda a sustentação vibratória magística com os Orixás, que serão fundamentais para a atuação mediúnica dos benfeitores do Espaço. Não por acaso, exigem disciplina, silêncio e concentração, acompanhados de atitudes mentais e disposições emocionais imbuídas da mais alta fraternidade e amor ao próximo. São instrumentos de elevação coletiva do psiquismo que "abrem" o acesso aos planos suprafísicos e atemporais, um tipo de elevação vibratória que vai sendo criado e desenvolvido no interior de cada um dos médiuns, proporcionalmente ao grau de união e uniformidade ritualística que se tenha na corrente. O objetivo é a criação e sustentação da egrégora, pela emanação mental dos integrantes da corrente, nos quais os espíritos do "lado de lá" atuarão "ancorados", para se manifestarem pelo canal da mediunidade.

Abrir os trabalhos rituais é "destrancar" nosso templo interior de medos, recalques e preconceitos para que sejamos "ocupados", envolvidos fluidicamente pelos guias espirituais. Todos participando de um mesmo ideal (doação ao próximo), somente com a calma interior, abstraindo-se dos pensamentos intrusos que preenchem a mente com preocupações ligadas à sobrevivência na matéria, esvaziando o psiquismo periférico sintonizado com os sentidos do corpo físico, indo ao encontro do verdadeiro Eu Interno, a essência espiritual imorredoura e atemporal que anima cada um de nós, em silêncio e serenados, conseguiremos ser instrumentos úteis de trabalho aos mentores, enviados dos Orixás.

Devemos viver e sentir com intensidade o que está se passando durante os trabalhos, pois a harmonia desencadeia a expansão de nossas potencialidades ânimicas, mediante forças cósmicas que nos permitirão sintonizar o templo interior, e, a partir desse estado de alma, entrar em contato com os benfeitores espirituais que nos guiam e nos protegem durante os atendimentos aos consulentes.

A criação da verdadeira egrégora coletiva se dará na medida em que todos os membros da corrente estejam conscientes de que tudo acontece no plano sutil, oculto às nossas percepções sensórias ordinárias, não sendo um simples formalismo ritualístico, repetitivo, enfadonho, que dará início e manterá a vibração de uma sessão caritativa de Umbanda, a qual costuma atender centenas de encarnados e desencarnados.

Infelizmente, muitas vezes certos médiuns estão desconcentrados, olhando para os lados, absortos, entediados com o ritual, atentos ao relógio, com os semblantes pesados, cheios de preocupações. Então, não por acaso, ao final dos trabalhos, não estão bem, com algum espírito sofredor "colado" em suas auras, pois o afim atrai o afim, carecendo esses médiuns de atendimento e da dedicação dos demais membros da corrente. É necessário o esclarecimento frequente, por parte dos dirigentes, sobre o sentido mais amplo da abertura dos trabalhos mediúnicos de uma sessão de caridade umbandista, orientando quanto aos aspectos esotéricos, metafísicos e transcendentais. É imperiosa a conscientização de todos os participantes dos trabalhos práticos de Umbanda, buscando-se sempre o objetivo maior de quaisquer ritualismos, a coesão e a uniformidade da corrente, e assim mantendo a sustentação vibratória pelo intercâmbio mediúnico superior.

Na maioria das vezes, sempre que ocorre "quebra" de corrente durante os rituais, verificamos que alguns componentes dos trabalhos estavam desconcentrados. Noutras ocasiões, quando o medianeiro efetivamente está com interferência espiritual externa que influencia negativamente seu psiquismo, deve ser afastado "provisoriamente" dos trabalhos, a fim de ser atendido espiritualmente e obter o tempo necessário para refletir sobre seu estado mental, tendo a oportunidade de mudar a condição psíquica e emocional que o está prejudicando como médium.

# Os estados alterados e superiores de consciência nos terreiros

Preferimos nos referir a transe ou estado alterado e superior de consciência do que a popular denominação *incorporação*. Pensemos que toda incorporação é um tipo de transe, mas nem todo transe é uma incorporação.

Nenhuma entidade é introduzida dentro do corpo físico do médium para se manifestar em transe. Os processos mentais que geram e dão "passagem" ao controle psicomotor do espírito comunicante, que se apropria das centrais nervosas são sutilíssimos. Fenômeno que exige "apropriação" de plexos e chacras, ocorre pela aproximação e penetração áurica do corpo astral do espírito à aura do corpo astral do médium. A incorporação ocorre no nível extrafísico e principia em registros mentais que permitem e disparam os comportamentos inerentes a determinada entidade que assim controla as funções motoras e psíquicas do médium.

Quanto à expressão do Orixá no transe, assunto velado na Umbanda, mas não inexistente, a fenomenologia é parecida, exceto pelo fato de não existir uma entidade extracorpórea que ativa o processo. Trata-se de exteriorização do inconsciente, que por sua vez "carrega" em si um "pedacinho" do Orixá primordial cósmico, potencialidade divina que aflora, de dentro para fora. Constrói-se uma ponte anímica que dá sinal verde para o trânsito do inconsciente profundo que se expressa (manifestação) no consciente em estado alterado, diferente de quando em vigília. A influência e apropriação neuro-psíquica do Orixá é fenômeno anímico sem influência externa.

Há que se considerar que, entre os dois extremos de manifestação que expusemos, existem infinitas variações. Nos terreiros de Umbanda é comum os Guias espirituais se "acostarem" em seus médiuns, após eles entrarem em transe anímico com o Orixá de frente, que jazia adormecido no inconsciente e que desperta pela vivência e aplicação do ritual indutor ao transe, atuando em duplicidade, não raras vezes, a entidade com o Orixá.

Não confundamos essas manifestações com danças ensaiadas para apresentações coreográficas, pois o Orixá desperto em trânsito fluente para a consciência alterada nasce na mente e na Umbanda independe de movimentações corporais aprendidas, impostas e padronizadas, cabendo em nossos terreiros às entidades mentoras imprimirem seu jeito peculiar aos médiuns. Todavia, existe um desempenho gestual espontâneo por manifestação de Orixá, que prevalece na Umbanda, independentemente de qual religião pertençam os adeptos. Constatamos uma ancestralidade comum nos gestos e movimentos corporais, que nos remete a uma mesma origem da devoção aos Orixás.

Então o ritual organiza, dá método e disciplina a reunião na comunidade terreiro que objetiva o intercâmbio mediúnico e a comunicação com o plano sobrenatural. É pré-requisito básico e indispensável a manifestação dos espíritos. Diante desta premissa tudo o mais se torna "secundário", embora sejam também importantes.

Reflitamos, por mais que tenhamos elementos de rito, defumação, atabaques, folhas, cheiros e sons, que nos dão as percepções que nos estimulam por meio de símbolos, que podem ser visuais, sonoros ou de palavras faladas e alegorias litúrgicas, é somente por meio da elevação psíquica interna de cada membro da corrente mediúnica que podemos chegar ao padrão vibratório coletivo necessário, ao "alinhamento" com as falanges espirituais que nos envolvem de maneira consciente, efetiva e amorosa.

O médium aspirante adquire a convicção íntima, vivenciada, com os usos e costumes cerimoniais dos terreiros umbandistas, que se utilizam de sugestões – sons, gestos, cheiros e cores –, adesão à comunidade e participação dinâmica de grupo, despertar das emoções, liberação de sentimentos negativos e reintegração emocional, criando sensação de paz, direção e controle do próprio psiquismo. São conduzidos em ambientes carregados de emoção positiva e proveem caminhos para "escape", purificação, catarse e alcance do poder de realização pessoal e fortalecimento da vontade.

Não só a incorporação com os guias astrais serve para o exercício da caridade, auxiliando em amplos sentidos aos que batem à porta dos terreiros buscando ajuda. Notemos que o passar do tempo vivenciando a Umbanda é de grande valia para a catarse dos adeptos, com redução de ansiedades, fobias, recalques e situações psicológicas estressantes, notadamente quando o Orixá "adormecido" no inconsciente desperta e se manifesta nos transes, conforme falamos, cada qual com seu modo peculiar.

Na Umbanda não há uma coreografia padronizada por Orixá, como acontece nos "candomblés", aos quais respeitamos incondicionalmente e compreendemos a centralidade que ganham no contexto litúrgico, em que as personagens míticas são revividas nos ritos, inclusive têm conotação terapêutica para o estabelecimento da saúde e prevenção de doenças.

Especialmente as experiências iniciáticas internas vivenciadas nos terreiros umbandistas, por meio do apoio vibratório das abnegadas entidades espirituais e dos eflúvios divinos dos Orixás que fluem do inconsciente dos medianeiros, permitem o reconhecimento e a instalação do alívio emocional em um ambiente controlado e adequado aos cerimoniais indutores de estados alterados e superiores de consciência – experiências místicas mediúnicas –, com limites precisos para expressá-los adequadamente, dando segurança e sentimento de pertença aos participantes.

Essa liberação de sentimentos reverte a repressão que doutrinas castradoras impõem ao ser, impedindo a naturalidade do movimento do corpo, afinal o indivíduo nunca é e não pode ser só mental. O ritual engaja o participante em comportamentos que reforçam a conexão e a ligação com o Divino, o sagrado e o sobrenatural do mundo dos espíritos que amparam uma comunidade religiosa de Umbanda.

O sentimento de pertencer a uma egrégora ou corrente mediúnica facilita a resposta catártica, por meio da qual as emoções e os ritmos corporais reprimidos são permitidos e podem ser trazidos à manifestação pela consciência alterada, expressando-se naturalmente e sem preconceitos: o brado do caboclo, a dança do Orixá, a benzedura do preto velho, a alegria da criança, a gargalhada do exu, entre tantas outras manifestações que não reprimem o psiquismo no mediunismo de terreiro.

Diante de tudo o que foi dito até aqui, tentamos demonstrar aos médiuns aspirantes e aos estudantes espiritualistas de todos os matizes que Umbanda não é só deixar os guias incorporarem. Não se iluda com a profusão de trejeitos, usos e costumes externos, de muitos elementos e acessórios ao intercâmbio mediúnico.

Acima de qualquer prerrogativa do ritual litúrgico ou de métodos indutores aos estados alterados de consciência, partem internamente de cada criatura as condições psíquicas à comunicação mediúnica com os benfeitores espirituais.

É como fazer um pão, que, mesmo tendo os melhores insumos, um forno excepcional e um padeiro espetacular, se o fermento não for adequado, não ficará bom. Simbolicamente, cada um deve fermentar dentro de si; elaborado a ligadura que sustentará a mediunidade, sendo tudo o mais acessório; necessário, mas não indispensável.

# Afinidade fluídica e sintonia vibratória

A comunicação entre o espírito desencarnado, o enviado do Orixá, necessita de uma sólida identificação com o espírito e Ori do médium. O encarnado é o receptáculo que será preenchido pela manifestação da entidade habitante do Plano Astral. Esse "casamento" de regra só acontecerá se previamente antes da atual vida humana do medianeiro, precisamente no período intermissivo, o tempo que o espírito passa do lado de lá entre uma encarnação e outra, se ambos se encontraram e houverem sido realizados "ajustes" fluídicos e vibracionais entre um e outro, apurando-se a sintonia. Exige-se afinidade recíproca e é justo afirmar, simpatia, para que os transes em terra aconteçam, com maior precisão quando o espírito designado para ser o receptor for o médium encarnado.

Podemos entender afinidade fluídica, especificamente o contato entre o Guia mentor e o médium, como um processo de aproximação em que o fluído de um será contido pelo fluído do outro, harmonicamente fazendo-se um só, tal como as gotas cristalinas da chuva que caem e se integram nas águas límpidas da cachoeira no alto da serra. Obviamente que se trata de "acasalamento" fluídico construído de longa data, entre emissor e receptor, o espírito e seu médium.

Compreendamos que mesmo antes da sessão mediúnica, a sintonia "fina" está sendo ajustada com o propósito de provocar uma adequada assimilação de pensamentos entre os comunicantes, ativando certos centros nervosos cerebrais no entorno da glândula pineal, fase que podemos definir de pré-imantação entre um e outro, objetivando atenuarem-se os bloqueios vibratórios que poderão se instalar. Os desdobramentos naturais durante o sono físico são utilizados costumeiramente, até 48 horas antes do dia do trabalho mediúnico, sensibilizando o magnetismo da glândula pineal e consequentemente as demais glândulas, plexos nervosos e chacras do médium. Por isso a indicação dos preceitos e resguardos durante o período que antecede os trabalhos práticos, infelizmente nem sempre seguidos.

Afinal, a quais dificuldades o médium se vê exposto antes dos trabalhos?

A vida em seu cotidiano impõe-nos vários desafios. Não é incomum o médium chegar ao terreiro em dia de sessão extenuado psiquicamente, vindo direto do trabalho depois de uma semana estressante.

A condição precária de mobilidade e falta de segurança dos grandes centros urbanos nos faz ter a impressão de que não temos tempo para nada, por vezes nos trazendo impedimentos para cumprir preceitos e resguardos que o exercício da mediunidade na Umbanda exige, diferentemente de antes que era mais fácil seguir à risca estas recomendações. Aliado às atribuições diárias que impactam negativamente no psiquismo, desafiam-nos as decepções no campo dos relacionamentos em comunidade religiosa, pois perfeição não existe entre nós e é ilusão quem acha que uma confraria espiritualista, que reúne pessoas, seja ela qual for, não "sofrerá" os embates de fortes egos, notadamente no meio mediúnico, todos mais sensíveis e suscetíveis a melindres.

Especialmente numa corrente mediúnica, inevitavelmente haverá conflitos e tensões. Ilude-se quem pensa o contrário. Os médiuns que assumem tarefas sacerdotais, exigindo-lhes as atribuições de liderança, acentuada habilidade interpessoal e maturidade emocional, serão os mais visados pelas sombras para que tenham abaladas suas antenas psíquicas, debilitando-lhes a sintonia espiritual.

Numa comunidade de axé, como são os templos de Umbanda, os líderes devem se comportar esperando sempre o melhor de todos e, ao mesmo tempo, prepararem-se para o pior, inabaláveis com o mesmo trato gentil. Devem se mostrar seguros no domínio das próprias emoções e não importa se foram ofendidos, muito menos valor devem dar às suas opiniões e vontades individuais no tocante às pessoas de que eles gostam ou não gostam. O não se deixar contaminar o gosto ou desgosto íntimo em relação aos membros da corrente mediúnica é de extrema prudência para a própria "saúde" e longevidade enquanto sacerdote, fator decisivo para a manutenção de sua afinidade fluídica e vibratória com os Orixás, Guias e Falangeiros. É a partir dos antagonismos pessoais que se instalam as obsessões e as inteligências trevosas sabem muito bem explorá-las.

Nós médiuns de Umbanda vivenciamos muitos ritos. Nossa religião é ritualista e devemos vencer a nós mesmos para que o lado sombra não nos jogue no chão e na lama dos fracassados que lotam os umbrais inferiores. Quantas vezes temos que bater uma sineta, fazermos uma invocação, puxarmos uma reza, arriarmos uma oferenda compondo uma frente para Orixá, acendermos uma vela em rogativa de cura, enfim pedirmos aos Guias em nome dos que nos procuram enfermos e desequilibrados da mente, do corpo e do espírito?

São nos momentos ritualísticos que temos que estar com a casa interna arrumada, mente sã, pensamentos elevados e o emocional vibrando amor. Os sentimentos de negatividade: raiva, vingança, mágoas, medos, culpas, ressentimentos... Faz fraquejar a conexão do oficiante de ritos com o mundo espiritual, igual à ponte que se deixou cair no abismo, enfraquecendo lhe o psiquismo e alijando-o da afinidade fluídica positiva, afastando-o do empoderamento com o poder de realização divino dos Orixás. Até pode derrotar definitivamente o sacerdote e muitos outros médiuns, se não se conseguir transmutar rapidamente tais estados que caracterizam as enfermas almas.

Pensemos que mentes de caráter semelhantes emitem pensamentos símiles que se atraem e o contrário é verdadeiro e inverso, se repelem. Fundamenta-se este princípio no fato de que a assimilação do pensar do outro, a base da comunicação pela conexão mediúnica, tão vívida nos transes; dá-se pela emissão de ondas mentais em mesma frequência vibratória. Assim, sintonia dependerá inteiramente da conduta e atitudes internas, de como lidamos com as emoções, suscetíveis de respeito ou não às Leis Divinas, o que nos faz construir pontes de intercâmbios mediúnicos com o lado de lá, entronizando-nos com o poder de realização dos sagrados Orixás, ou dinamitá-las, notadamente se já existiam previamente por exigência de consagração sacerdotal, compromissos pactuados com o Sagrado de "zeladoria" (cuidar) de uma comunidade umbandista.

Por meio da afinidade entre o caráter dos comunicantes, o Espírito e o médium se fundem na unidade psicoafetiva do transe – o Guia aproxima-se do médium e o envolve nas vibrações espirituais, popularmente conhecido como psicofonia nas hostes espíritas e incorporação nas Umbanda(s).

Conhecidos os mecanismos básicos do processo, terminamos este capítulo com a seguinte pergunta:

Como está sua sintonia mediúnica?

# O medo e o médium iniciante

O medo do transe ritual no terreiro é um dos maiores entraves para todo iniciante. A "catarse" que os estados alterados e superiores de consciência causa no inicio da educação mediúnica, a necessária entrega e a passividade psíquica exigida deverão ser conquistadas, escoimando-se os preconceitos que as seguem. O receio de perder o controle de si mesmo, aliado à demonização das religiões mediúnicas existente no inconsciente coletivo, deve ser esclarecido e confrontado objetivamente, pois, no imaginário popular, significa que a manifestação mediúnica é uma coisa "ruim", acompanhada de uma espécie de "apagão" – anestesia geral –, bloqueando os sentidos (audição, visão, tato, olfato e paladar).

Há que esclarecer abertamente, sem deixar dúvidas: a perda da consciência raramente ocorre. Existe, sim, uma alteração psicomotora, cognitiva e mental, com os sentidos psíquicos alterados, mas ainda conscientes, de que os espíritos benfeitores se utilizam para o "perfeito" transe ou manifestação. Obviamente, o fato de o espírito do Além não mais "tomar" completamente o mental do médium abre um novo campo, vastíssimo, de educação do sensitivo, objetivando seu melhoramento íntimo e mais afetividade dos trabalhos práticos do mediunismo de Umbanda, preponderantemente o de aconselhamento espiritual aos consulentes que batem às portas dos terreiros. O medo ativa o psiquismo negativamente, interfere na integração mediúnica com a entidade e bloqueia o movimento do corpo físico com uma descarga de adrenalina no sistema sanguíneo, o que é indispensável ao jeito peculiar umbandista de os espíritos se comunicarem.

O ambiente do terreiro, ritualizado com método e disciplina, oferece a segurança necessária para que, com o tempo devido de prática, o médium perca totalmente o medo e "entregue" passivamente a direção de seu psiquismo aos guias astrais. A manifestação deve ser vista com naturalidade e seu processo técnico é de sensibilidade preexistente, de antes da reencarnação, quando teve seus chacras perispirituais sensibilizados para a ocorrência desse tipo de fenômeno, o que exige sintonia e confiança do medianeiro, havendo "infinitas" variações de uma pessoa a outra.

Para melhor compreensão dos diversos tipos de manifestação, vamos comparar o transe a uma tomada de energia. Os médiuns são "iguais" a vários aparelhos eletrodomésticos. Por exemplo, se ligarmos uma geladeira a uma tomada, ela vai refrigerar, mas se colocarmos um ferro elétrico ele vai esquentar; um ventilador vai girar e fazer vento, e assim sucessivamente. Conclusão: o método ritual disciplinador é o mesmo para todos, mas a ligação é interna de cada um; são consciências milenares e diferentes entre si, cada um dando o que possui em seu inconsciente ancestral. Cada indivíduo emana a essência de sua ancestralidade espiritual.

Mais uma vez, vamos definir o que é uma incorporação. É o controle permitido pelo médium, momentâneo, de seu mental, de sua vontade e psicomotricidade por uma entidade comunicante, o que se dá pelo afastamento de seu corpo astral e pelo completo envolvimento de seu corpo etérico pelo corpo astral do guia ou protetor espiritual. Assim, o invólucro material do médium fica cedido para a atividade mental do preto velho, do caboclo etc., que poderão manifestar-se à vontade, como se encarnados fossem.

No início da Umbanda, as manifestações eram inconscientes. Hoje em dia, é muito rara a inconsciência nos transes. O mais comum, na mecânica de incorporação, é uma espécie de sonolência letárgica em que o médium permite-se – dá passividade – ficar parcialmente imobilizado em seu poder mental e, consequentemente, na sua parte psicomotora, tendo, no entanto, semiconsciência de tudo o que ocorre, havendo considerável rememoração após o transe. O guia ou protetor espiritual não "entra" no corpo do médium, como muitos pensam. O que ocorre é um afastamento do corpo etérico, sendo esse, sim, tornado como se fosse um perfeito encaixe.

Em caso de dúvida ou conflito de interpretação, os dirigentes devem ser solícitos e dar todas as orientações necessárias. Chefes de terreiro e diretores de ritos são médiuns com experiência prática na mediunidade e também devem ser "abertos" ao estudo e às infindáveis perguntas e dúvidas dos neófitos. Todos os iniciantes precisam de orientação para compreensão adequada do transe ou da manifestação mediúnica em seu início. Nunca seremos médiuns prontos e sempre deveremos ter a humildade de saber que não sabemos tudo. Todos num terreiro são eternos aprendizes; os que sabem mais ensinam os que sabem menos, o que não quer dizer que saibam tudo.

A comunicação com os espíritos – processo natural e aquisição anímica temporal de cada indivíduo –, lamentavelmente, ainda é demonizada por outras religiões, notadamente o catolicismo e as neoevangélicas, que elegeram o panteão afro-brasileiro e a Umbanda, especificamente as formas de apresentação dos espíritos que nelas labutam, como catalisadores de um método psicológico de conversão de novos prosélitos. A Bíblia está recheada de pessoas sendo possuídas ou influenciadas por demônios, entre tantas outras citações amedrontadoras para com o intercâmbio com os espíritos.

Obviamente, o comunicar-se direto com esferas espirituais benfeitoras por meio de médiuns não interessa a nenhum clero ou às castas sacerdotais instituídas, pois desloca o poder de orientação e contato com o sagrado de suas igrejas e seus templos para os médiuns de todos os tipos e lugares. Essa democratização horizontal que sempre existiu por meio de oráculos, profetas, videntes, curadores etc. contraria diretamente a ditadura verticalizada das religiões "proprietárias" da ligação com Deus e seus Enviados Divinos.

Diante de tudo o que dissemos, não é por acaso que a decisão de fazer parte de uma corrente de Umbanda não é muito fácil ao pretendente. Além de ter que enfrentar seus próprios medos, há a contrariedade muitas vezes de familiares próximos, o despeito de colegas de trabalho, o olhar irônico de vizinhos quando o virem com uma guia de proteção no pescoço ou até mesmo a resistência do cônjuge, que pode ser de outra confissão religiosa. Tudo isso acontecerá no mesmo tempo em que dúvidas aflorarão em sua mente e, quando não, obsessores e desafetos desencarnados farão de tudo para que não se persista em seu intento.

Em contrapartida, aos que persistirem, paulatinamente as barreiras da ignorância irão cair, e um novo olhar nascerá em relação à Divina Luz. Conforme o tempo for passando, o iniciante cada vez mais angariará confiança, conhecerá mais adequadamente as vibrações por Orixá e perceberá com segurança o magnetismo e o toque peculiar de cada entidade que o assiste. Enfim, se firmará na mediunidade na Sagrada Umbanda, seus passos se tornarão mais seguros e seus tombos, mais raros. Por sua vez, a exigência de vigilância e humildade não deve esmorecer, sendo uma eterna exigência a todo médium.

Por maior que seja a sensibilidade do médium, o autoconhecimento e sua conduta moral é que, em primeira instância, devem ser objetos de seu maior esforço. Suas afinidades determinarão se conseguirá manter a sintonia adequada com os benfeitores espirituais, pois não basta ser "santo" só no dia de trabalho, mas ter uma conduta ilibada diariamente, esforçando-se para o melhoramento de caráter, contudo sem querer ser um ser perfeito, pois médium perfeito não existe encarnado na Terra.

# As primeiras
# manifestações mediúnicas

Naturalmente, nem todos que frequentam uma comunidade de terreiro na Umbanda estão ali para fazer parte do grupo de médiuns trabalhadores. A Umbanda é frequentada por uma ampla diversidade de consciências, composta de indivíduos com propósitos, ideais e objetivos diversos. O mais importante é o acolhimento fraterno, ou seja, abraçar, valorizar, considerar, respeitar e tratar a todos igual e incondicionalmente, sem discriminar a procedência: se é visitante, consulente, adepto ou simpatizante.

Todavia, embora quase a totalidade dos frequentadores da Umbanda não se digam umbandistas e naturalmente não anseiam fazerem parte de uma corrente como ativos médiuns trabalhadores, existe uma parcela significativa de indivíduos que se deparam vivenciando os sintomas das primeiras incorporações. Ou seja, inesperadamente, entram nos estados iniciais alterados e superiores de consciência, mas ainda é um transe bruto, incompleto e sem uma comunicação eficiente. Reflitamos que o chamamento da mediunidade é como a roda de uma carroça que sai do lugar, fazendo com que o condutor se esforce para a manutenção e retorne à estrada sem tombar. É compromisso que vibra em nosso inconsciente, ao qual não nos lembramos na atual personalidade encarnada, pelo natural esquecimento que a encarnação produz.

O medo irrompe no psiquismo dos neófitos diante dos sintomas que sentem. O desconhecido, aquilo que não dominamos, o descontrole inicial do corpo, aliado a falta de conhecimento da vida além-túmulo repercutem até como pânico e podem causar a desestruturação da identidade da atual personalidade. Os efeitos são tremores, taquicardia, sudorese, hipotermia, tontura, entre outros. Ocorre que diante da irradiação da entidade que se aproxima da aura do médium noviço e deseducado, os chacras ainda desajustados para a adequada recepção dos influxos astrais mais sutis do espírito guia, causam um impacto por vezes "violento" e assustador.

Mas se as entidades mentoras, "pais de cabeça", têm vibrações mais elevadas e fluídos magnéticos mais sutis que os nossos, qual o motivo dessa "violência"?

Muito simples, conscientizemo-nos que quem por simpatia, índole espiritual, temperamento psicológico ou serviço comprometido no Espaço antes de renascer no corpo físico escolhe o mediunismo de Umbanda, sem dúvida deverá seguir os métodos prescritos pelos "pais de cabeça", seus Guias no Astral e submeterem-se à técnica intensiva dos "caboclos desenvolvedores", que ajustam a sintonia dos médiuns iniciantes, assunto para o próximo capítulo.

Precisamos considerar que ninguém nasce sabendo como se manifestar num transe lúcido, aos moldes atuais vigentes na Umbanda. No momento de consciência coletiva preponderante, a mediunidade não é mais de "esquecimento", de não se saber o que se está fazendo e não se responsabilizar por nada, deixando tudo para o espírito guia fazer. Hoje vivemos a era da parceria, que exige estudo e esforço continuado dos médiuns no sentido de melhorarem o próprio caráter, polindo os pensamentos e atitudes. Assim, não haverá um "apagão" da mente durante as incorporações, como se o espírito apertasse um interruptor. Quem passa esta ideia está mentindo e mistificando se dizendo mediunizado com o Guia espiritual sem se lembrar de nada após a manifestação, pois é impossível nossos abnegados menores astrais não serem fiéis à verdade.

É muito sério – se o frequentador e futuro médium, ao deparar com as primeiras incorporações, não for bem orientado – pode ficar impressionado, deslumbrando-se, ficando vulnerável aos assédios do astral inferior, situação de fragilidade psíquica, oportunidade para espíritos oportunistas vampirizarem-lhe os fluídos vitais.

Importantíssimo estabelecer-se uma relação de confiança com um orientador espiritual, médium mais experiente ou chefe de terreiro ético e sério. O correto amparo delineará o comportamento do iniciante, que não deve ser de assombro e preocupação amedrontada. Ao mesmo tempo, minimiza-se todo tipo de pressão baseada em falso senso de urgência que abale sua estima, pois não é obrigado a quaisquer iniciações rápidas eivadas de falsas cobranças e punições do "santo" por descumprimento das mesmas, o que na maioria das vezes só serve para encher os bolsos de sacerdotes antiéticos e venais.

É também preciso esclarecer que para ser um médium de Umbanda, aceito e iniciado numa corrente como trabalhador ativo, além de frequentar a assistência o tempo adequado para ser reconhecido pela cúpula espiritual do terreiro, fazem-se necessários inúmeros atributos morais, intelectuais, comportamentais e vocacionais, e obviamente ter mediunidade ativa de fato, no caso de médiuns que trabalharão no aconselhamento espiritual, em sessões práticas de caridade.

Importante desconstruirmos conceitos errôneos sobre a mediunidade na Umbanda. A centralidade das incorporações em nossos ritos não deveria menosprezar os outros tipos de mediunidade. O fenômeno mediúnico tem várias facetas: vidência, audiência, intuição, inspiração, desdobramento astral, entre outras tipologias amplamente classificadas na literatura por pesquisadores sérios. Infelizmente viceja ainda em muitas agremiações a bajulação e o endeusamento de médiuns de incorporação apoteóticos, não poucas vezes encenando coreografia folclóricas, que fazem enorme estragos em arraigado e profundo processo de fascinação coletiva – mentes dominadas pela vaidade, orgulho e personalismo.

Pensemos que os aconselhamentos espirituais, frente à frente, médium em transe e consulente, são o foco principal da Umbanda. A lucidez do fenômeno é o sustentáculo da psicologia envolvida, que nos conduz gradativamente e com segurança para o melhoramento individual e comunitário, pois todos são envolvidos pelos ensinamentos, aprendizados e saberes transmitidos por nossos amados guias espirituais.

Concluindo este capítulo, reforçamos que em caso de qualquer dúvida ou conflito, é recomendado procurar ajuda de dirigentes sérios, médiuns com experiência prática na mediunidade de terreiro, e que sejam "abertas" ao estudo. Todos os iniciantes precisam de orientação para compreender adequadamente o transe ou manifestação mediúnica no início, pois somos eternos aprendizes. Assim sendo, podemos considerar que nunca estaremos "prontos".

# Os caboclos desenvolvedores

Muitos são os desafios do médium iniciante. Até que consiga firmar o Ori – cabeça – com os espíritos encarregados de lhe darem cobertura e proteção às tarefas que o esperam, inevitavelmente passará por momentos de dúvidas e, não raras vezes, de intenso assédio espiritual, tanto de encarnados próximos que serão contra a opção de religião, quanto de desencarnados que ficarão irritados com sua escolha de aprimoramento mediúnico.

Ocorre que os "cavalos" de Umbanda são bastante visados pelos magos do astral inferior, notadamente pela alta sensibilidade psicoastral de seus chacras e plexos nervosos, verdadeiras usinas produtoras de ectoplasma – fluído animal.

Claro está que os entrechoques acontecerão e não nos enganemos, mentes argutas intuirão para a desistência do médium, que aparentemente irá lhe facilitar a vida, vendendo-lhe a falsa impressão que o trabalho mediúnico atrai inimigos, até que o mesmo desistindo, caia em uma obsessão complexa por reencontrar ferrenho inimigo do além-túmulo. Aí fragilmente, sozinho terá que responder por si contra os ataques dos desafetos.

O processo de aprendizagem é longo e, inevitavelmente, até que o médium esteja "pronto", sofrerá o ataque de espíritos mistificadores, inteligências ardilosas que o tentarão engambelar, fazendo-se parecidos com os genuínos guias espirituais. Enquanto a percepção do magnetismo das entidades de Umbanda não se apurar em suas antenas psíquicas, será alvo de joguete do astral inferior.

Mas não desanimemos.

Todas as experiências que o iniciante vivenciará estarão sendo observadas a distância pelos abnegados Caboclos Desenvolvedores, se o mesmo estiver fazendo parte de uma corrente mediúnica umbandista devidamente constituída e firmada. As "quedas" do médium, no mais das vezes são permitidas por esses especialistas, como mestres zelosos que ensinam uma criança a andar de bicicleta; são sabedores que alguns arranhões são de grande valia para o aprendizado de como manter-se equilibrado sem cair.

Conhecer-se a si mesmo e saber que os limites da capacidade mediúnica dependem do lado de lá, conscientizando-nos que somos meros instrumentos e nada mais, vai requerer vigilância e humildade constantes. Até que o médium perceba suas falhas morais e imaturidade emocional, de que ele mesmo carece de apoio e auxílio espiritual, será o maior imã que atrairá espíritos de baixa envergadura, símiles a quem os atraem, quais limalhas de ferro.

O médium, também um indivíduo senhor de vasta ou reduzida bagagem psíquica milenária, estará sempre presente animicamente e com o acervo pessoal na comunicação mediúnica dos desencarnados. É dificílimo, pois, encontrar dois médiuns cuja moral, temperamento, cultura ou poder mental coincidam rigorosamente entre si e, por isso, produzam comunicações perfeitamente semelhantes. Mesmo quando se trata de raríssimos médiuns de incorporação completa, inconscientes, sua bagagem psíquica e a contextura de sua individualidade espiritual sempre influem nas comunicações mediúnicas, impondo certa peculiaridade pessoal do mesmo.

Diante do exposto, é óbvio concluirmos que o melhoramento de caráter do médium e o ininterrupto esforço de elevação moral, implementando em sua vida diária atitudes condignas com os ideais espirituais que persegue no terreiro campo da mediunidade, contribuirão decisivamente para seu sucesso, que estará diretamente proporcional ao trabalho de mudança interna.

Assim, a participação nas Engiras práticas de educação mediúnica, não deve priorizar estruturas padronizadas de ensino que engessem as manifestações, respeitando-se as peculiaridades individuais de cada médium. A natureza de cada um requer lições particularizadas, não sendo possível os modelos "enlatados", que "engavetam" os médiuns em coreografias impostas, por vezes por imitação dos mais antigos, como se todo os pretos velhos, caboclos, crianças, exus... fossem iguais entre si.

É oportuno convidarmos os colaboradores sinceros a dedicarem maior atenção à chamada "mediunidade consciente", dentro da qual o intermediário é compelido a guardar suas verdadeiras noções de responsabilidade no dever a cumprir. Cultive cada trabalhador seu campo de meditação, educando a mente indisciplinada e enriquecendo seus próprios valores nos domínios do conhecimento, multiplicando as afinidades com a esfera superior, e observará a extensão dos tesouros de serviço que poderá movimentar a benefício de seus irmãos e de si mesmo. Sobretudo, ninguém se engane relativamente ao mecanicismo absoluto em matéria de mediunidade. Todo intérprete da espiritualidade, consciente ou não no decurso dos processos psíquicos, é obrigado a cooperar, fornecendo alguma coisa de si próprio, segundo as características que lhe são peculiares, porquanto, se existem faculdades semelhantes, não encontramos duas mediunidades absolutamente iguais.

Na fase do desenvolvimento mediúnico, o futuro obreiro ainda não está preparado para rebocar os tijolos da construção. Ou seja, seu "pai de cabeça" ou chefe de coroa, as entidades que fazem parte de suas tarefas, escolhidas antes de sua encarnação, têm vibrações mais sutis que o corpo astral e duplo etéreo do médium ainda não conseguem alcançar, assim como as ondas eletromagnéticas de baixa frequência não chegam perto das mais altas.

Os caboclos desenvolvedores são entidades que não incorporam. Atuam na contraparte astral do terreiro e são especialistas em formar os espíritos que também estão em aprendizado e não sabem "incorporar" nos médiuns e, futuramente, terão direito a trabalharem em algum terreiro de Umbanda. Existe um treinamento recíproco em ambos os lados da vida. Os abnegados Guias não nasceram sabendo como entrar em transe com os médiuns e hoje aguardam pacientemente até que seus médiuns estejam prontos para recepcioná-los em suas casas mentais. Enquanto isto, os mesmos "sofrerão" o impacto intenso das entidades que também estão aprendendo com eles, um ajustamento psíquico recíproco.

Chegará o dia, que os caboclos desenvolvedores, quais disciplinados sargentos, liberam os recrutas para o batalhão da caridade. Momento de intensa emoção, o "Pai de Cabeça" se apresenta e incorpora em seu médium, num transe lúcido perfeito, diz-lhe o nome que retumba dentro da cabeça do filho. Infelizmente, até este abençoado dia chegar, muitos já terão desistido.

Mas afinal, qual o motivo de o desenvolvimento mediúnico ser tão demorado e de tantos médiuns começarem na Umbanda e não conseguirem se manter nos trabalhos?

São raros os casos em que a mediunidade irrompe inequívoca e os médiuns falam dos guias do outro lado. A inconsciência não mais se verifica e exige-se uma mudança gradual de comportamento para que os médiuns consigam realizar as consultas, por várias horas "incorporados" com o caboclo ou preto-velho.

Como dissemos, o trabalho na Umbanda impõe mudanças profundas nos pensamentos, que precisam de tempo para ser consistentes e interiorizados no modo de vida do iniciante em aprendizado.

Ele, conscientemente, deve livrar-se das emoções e dos sentimentos do ego inferior que atingem os corpos mental e astral, por meio da repercussão vibratória ocasionada pela substituição definitiva da matéria densa que os forma, propiciada por novos pensamentos constantes e mais elevados, esses veículos da consciência acabam "refinados"; finalmente os chacras serão ajustados naturalmente às emanações fluídicas superiores dos guias e protetores. Esse é o cerne, a centralidade do trabalho dos caboclos desenvolvedores, que agem como artesãos esculpindo a pedra bruta, lapidando-a para se transformar em joia útil de ser usada.

A Umbanda, por ser um canal aberto de entrechoque vibratório com o Astral inferior, implica maiores obstáculos aos médiuns. A prática mediúnica umbandista tem de ser continuada por longo tempo, sem interrupções, e trilhada com reverência e devoção esmeradas. A lide umbandista parece fascinante a princípio, e o neófito anseia por ter logo o "seu" caboclo ou preto-velho.

Na verdade, da multidão que ingressa constantemente nas frentes de trabalho da Divina Luz, apenas uma microscópica minoria está apta a perseverar e progredir. A grande maioria dos aspirantes logo enjoa do ritual, não se motiva mais a colocar o uniforme branco e se impacienta com a demora em ser aceita como médium "pronto". Muitos acabam desistindo por completo ou mantendo as aparências, com o objetivo de só se beneficiar dos trabalhos, almejando a melhora milagreira das condições de existência diante da difícil e "injusta" vida. Fora uns poucos, a grande maioria não apresenta maturidade espiritual para continuar na Umbanda, e acabam por buscar locais em que o mediunismo apresenta resultados mais rápidos.

# Exu clareia o lado sombra da personalidade

Exu é princípio dinâmico da individualização, ou seja, não teríamos uma consciência individualizada se não fosse a força cósmica de Exu nos impulsionando à humanização. Seríamos ainda contidos em alguma alma grupo. É essa "força magnética" que nos permite encarnar; realiza a condensação, um tipo peculiar de aglutinação energética que faz nosso corpo astral se reduzir e acoplar em um novo corpo físico, desde a concepção até a formação completa do novo corpo físico, ao qual somos "vestidos" por um novo "paletó de carne" para que possamos vivenciar nosso programa de vida ou destino na matéria densa terrena.

Basicamente temos três especificidades constitutivas que adotaremos para efeito didático deste capítulo:

- **ara:** a porção energética que forma o corpo físico, decorrente do campo de força bioeletromagnético que criou e mantém a coesão atômica molecular que forma os órgãos e consequentemente todo o organismo;

- **ori:** a porção energética ligada ao espírito, sua consciência, que se expressa pela cabeça – cérebro – mas por sua vez não é físico, preexistindo antes da reencarnação e depois da morte física continua vivo e plenamente se manifestando. Por sua vez, contém e envolve um núcleo energético central (ipori);

- **ipori:** o núcleo intrínseco do espírito, formador do inconsciente profundo, também conhecido no esoterismo como mônada, centelha ou chispa divina. É nossa divindade interior, pois é formada da mesma "matéria" primeva símile a Deus. Não por acaso Jesus vaticinou "eu e o Pai somos um", "o que eu faço podereis fazer e muito mais" e "vós sois deuses".

Inexoravelmente, ori se formou no entorno deste núcleo intrínseco do espírito – ipori. O conceito de ori relaciona-se à consciência, condição essencial para sermos espíritos plenamente individualizados.

Adquirimos um destino, que não é determinismo, mas mera consequência da Lei Universal de Ação e Reação, pois somos os semeadores das causas geradoras dos efeitos que colheremos em nossas vidas. É necessário para organizar a existência dos espíritos humanizados e nos impulsiona a completarmos nosso melhoramento íntimo e de caráter entre as reencarnações sucessivas.

A cada encarnação viemos com um plano de provas – não confundir com pecado, punição e sofrimento impostos pela cultura judaico-católica, ao qual ocupamos um novo corpo físico e animamos mais uma personalidade transitória. Obviamente que a cada vez que retornamos ao vaso carnal temos um programa de vida detalhadamente elaborado, que nos dá margem, ao exercitarmos o livre-arbítrio, de alterarmos as causas geradoras de efeitos cármicos – negativos – passando-as para retornos positivos que nos libertam da inferioridade humana – dharma –, até que nos libertemos do ciclo carnal. Assim como uma pequena fonte pode encher um lago, entre uma encarnação e outra vamos formando um manancial de experiências arquivadas no inconsciente profundo. Não nos lembramos, pois o cérebro físico não tem condição neuronal de suportar tal volume de saberes. Todavia, nosso espírito e a mente extrafísica que o acompanha, tem cada vez mais acesso a estes arquivos conforme vamos melhorando nossa gradação vibratória, escoimando nossas falhas do passado pelos atos presentes.

Temos que entender que a maior parte da mente é inconsciente e que antes de reencarnar nosso ori foi sensibilizado com a "frequência" primordial dos Orixás – em conformidade com o manuseio dos técnicos astrais, mestres cármicos ou babá eguns, ancestrais ilustres – que necessitamos trabalhar na presente vida carnal, para o próprio aprimoramento íntimo, de acordo com o plano de provas que temos que vivenciar.

A cada vez que reencarnamos altera-se a influência dessas energias primordiais, que podemos didaticamente dizer que são "matérias primevas" formadoras do núcleo intrínseco do espírito – ipori. Temos que atingir um estágio de consciência e de evolução que vibremos em uníssono com todos os Orixás, assim como Jesus que se fazia unidade com o Pai.

Podemos inferir que o inconsciente profundo é nosso *olho-que-tudo vê*, é nosso Eu Superior, que sabe o que é melhor em termos de experiências para o aperfeiçoamento íntimo, psíquico, moral e consequentemente de caráter. Ele nos sinaliza sempre os melhores caminhos para nossas escolhas, de acordo com o momento de vida e com as experiências que estão previstas vivenciarmos para nosso aprendizado.

Entendemos que as funções do cérebro consequentes da atividade da mente são resultantes de uma ação indivisível, holística, em que o sistema nervoso central funciona como um todo, garantindo a integridade do organismo. Dessa forma concluímos que o método de registro de estímulos que afluem do inconsciente para o consciente, em que a mente é o motor que estimula as conexões cerebrais, baseia-se em buscar muitos significados na sede da memória atemporal. O sistema de memória humano depende de uma área de armazenamento, uma central de registros em termos de comportamento, cognição e emoção, que por sua vez "automatiza" nosso modo de ser. A percepção e a consciência muitas vezes dependem de "relembrar" pela evocação das experiências vivenciadas e significativas, decorrência das informações arquivadas no inconsciente profundo reativadas por meio dos rituais indutores do transe com dramatização de mitos simbólicos e arquétipos, como o são as rito-liturgias de Umbanda. Pensemos que a cada incorporação de um falangeiro ou Orixá, estabelece-se em nós um modo de ser peculiar. Quem dá passagem, para que esses saberes, aptidões e "dons" psíquicos armazenados no inconsciente afluam na consciência é Exu, o grande sentinela das almas, o comunicador que abre e fecha os caminhos em nossas encruzilhadas psíquicas internas (inconsciente x consciente). Sim, é exu, intrínseco ao ser encarnado por ser aspecto divino da Criação, igualmente ativo princípio dinâmico de individualização.

O conceito de amor e bondade, de caráter benevolente e de moral elevado, surge, ou deveria surgir, conforme vamos espiritualizando-nos e fortalecendo nossa consciência à luz da educação anímica sob o influxo das leis organizadoras do Cosmo. Temos o livre-arbítrio, muito mais amplo que o mero poder de escolha e nos acompanha como "procuração" com amplos poderes de semeadura, sendo a colheita obrigatória. Desde que adquirimos o primeiro lapso de consciência, ganhamos o direito de escolher o que fazer que, infelizmente por conta de nosso primarismo egoísta, pode nos aprisionar em nós mesmos.

O que estamos querendo dizer que nem sempre o livre-arbítrio nos conduz a termos um bom caráter, o que por vezes "arruína" nosso destino em uma encarnação, nos enredando na teia cármica retificativa que nos coloca no prumo forçosamente, sob a ação irredutível de Exu, o grande agente de execução do destino, doa a quem doer, eis que não existem privilegiados para Deus. Todas as ações, norteadas pelo livre-arbítrio, ocasionam consequências em nosso destino, costurado a cada segundo de nossa existência, sem determinismo rígido, pois somos frutos de nossas próprias opções.

Enfim, Exu é o executor de nossos destinos individuais; que os hinduístas entendem por queimar carma inferimos que Exu é o combustível, botando lenha na fogueira da existência humana. Não por acaso tem um epíteto de Exu – ina – que significa fogo. Talvez isto tenha também contribuído para associá-lo ao inferno, quando os primeiros clérigos e crentes depararam com os cultos de louvor a esta divindade nagô realizados com fogueiras, o que é comum na Umbanda; ritos de queima, ponto de fogo e a chamada fundanga – explosão da pólvora para deslocamento de cargas energéticas densas.

Exu em seu sentido metafísico e ainda oculto à grande maioria das massas presas no imediatismo do mediunismo, todos os seres vivos, do Orum ao Aiye, do imanifesto ao manifesto, do imaterial ao material, indistintamente todas as porções – partes – que se soltaram da totalidade cósmica, espíritos criados, só podem existir pelo fato de possuírem em si a vibração de exu, que por sua vez é um aspecto imanente do próprio Deus – Oludumare.

Então Exu, como princípio da vida individual humana, seu elemento catalisador e dinâmico, é conhecido como:

- **obara ou bará** = oba + ara – senhor do corpo.

Exu nos fará cumprir nosso programa de vida e, guardadas as variações possíveis, eis que não existe determinismo fixo, nosso exu individual, está em nós, é o executor de nosso destino. Assim, quando almejarmos prosperidade financeira, teremos atrelado a isso, as mudanças requeridas para conquistá-la, o que não dispensa o trabalho honesto, seja ele qual for. Obara nos empurra na direção das mudanças interiores; os maus hábitos, da mentira, da ignorância, da falta de caráter e educação para com os semelhantes, para a retirada da imposição de atitude, em que você se acha o dono da verdade e ninguém será capaz de movê-lo para convencê-lo.

Devemos observar que nosso exu individual está intrinsecamente ligado ao destino, ele é nosso oráculo pessoal. A voz de nossa consciência – ori – só se expressa em nossos pensamentos por meio de insights intuitivos pela sua ação, que faz a "trânsito" do inconsciente profundo até as zonas conscienciais que tangenciam os estados de vigília. Muitas vezes traz à tona resíduos cármicos que temos que transmutar, como o são as ressonâncias vibratórias de vidas passadas. Por isto exu obara é o patrono dos caminhos internos, podendo abri-los ou fechá-los de acordo com o contexto e circunstâncias evolutivas que precisamos vivenciar aqui e agora. Assim, se não tivéssemos sua ação, poderíamos ter até um corpo físico, mas não haveria expressão da consciência, como se fôssemos um mero amontoado de carne vivendo meramente no automatismo orgânico.

Enfim, nosso exu pessoal controla a entrada e saída de toda a circulação do inconsciente profundo até o consciente, cumprindo o papel de "centro de comunicações", executando e regulando o trânsito de "estímulos", percepções ou "inputs" sensoriais, exercendo sua função cósmica de *princípio de reparação*, fazendo-nos auferir tudo que é de nosso merecimento e ao mesmo tempo impondo-nos que restituamos tudo que negligenciamos perante as leis cósmicas, doa a quem doer, na saúde e na enfermidade, na alegria e na tristeza, no sofrimento e na felicidade, exu obara sempre estará conosco, sendo reflexo de nós mesmos perante o Criador.

Inevitavelmente obara se liga ao ori, ori fala de caráter, caráter fala de comportamento, comportamento está ligado a cumprirmos nosso destino e, viver uma existência inexoravelmente se relaciona com alegria ou sofrimentos. Estamos em uma colcha de retalhos, tudo e todos estão interligados. Somos consequências de nós mesmos e vivemos em sincronicidade com tudo que nos cerca.

O equilíbrio das forças no interior de cada indivíduo, o alinhamento do Ori Inu (Eu interior) com seu Ori (destino) e o Ìpòrì (Eu superior ou núcleo intrínseco do espírito) leva a riqueza e a prosperidade espiritual, abundância, o que necessariamente não se relaciona com estes conceitos materialmente falando. O princípio central de nosso, propósito de vida humana é a necessidade de estabelecermos uma boa relação com o mundo que habitamos. A lei de reencarnação impõe-nos retornar tantas vezes quanto for necessário para desenvolvermos o bom caráter, independente de religiões terrenas.

Claro está que nosso direito de ação vai até onde não afetemos o direito do outro. Esquecemos com facilidade que não podemos adquirir aquilo que não está em nosso programa de vida, se não tivermos merecimento. Nenhum ser é igual a outro e ninguém pode nos dar aquilo que não é de nosso direito. Nenhuma divindade, santo, Orixá, guia, pastor, pai de santo, mago, feiticeiro,..., nos dará milagrosamente aquilo que nosso Ori não precisar em conformidade à justiça cósmica e ao destino traçado aos pés do Criador, ao qual pedimos e aceitamos de joelho. Nosso próprio Ori – Eu Superior – não permitirá e acima dele só Deus – Olodumare.

Concluindo, afirmamos que na prática, Exu vigia a execução de nosso propósito de vida humana. Sempre que nos afastamos do que nosso Ori – consciência – indica como escolha adequada para o melhoramento, comprometendo por vezes outros companheiros de jornada terrena que estão sob o raio de ação e influência de nossas ações equivocadas, é liberado do inconsciente, o que já denominamos como ressonâncias vibratórias de encarnação passadas, traumas e recalques não resolvidos, causas remotas que tem o efeito de nos desequilibrar no momento presente, no psiquismo e nas emoções, em mesma intensidade de força psíquica quanto o é a ação equivocada realizada no agora, pela aplicação de nossa vontade e direito de livre-arbítrio.

Na busca da compreensão e do reequilíbrio, damo-nos conta dos equívocos que estamos cometendo e corrigimos nossas ações, finalmente entendendo que meu direito individual vai até o limite do direito do outro. Assim Exu ininterruptamente clareia nosso lado sombra, incansável guardião e mensageiro fazendo a comunicação entre inconsciente e consciente, independente de classificações se isto é bom ou ruim. Acima de vontades do ego ilusório, Exu é justo, incorruptível e fiel para retificar nossas falhas de caráter.

# Firmezas, preceitos e iniciações

Como já dissemos nos capítulos anteriores, um dos maiores desafios para o médium deseducado é a própria "catarse" do transe, pelo fato do receio de perder o controle de si mesmo. Consideremos a demonização histórica das religiões mediúnicas, registrada no inconsciente coletivo e no imaginário popular, que preconceituosamente estigmatiza a manifestação como sendo uma coisa "ruim". Contribui para o medo com os rituais indutores aos estados alterados e superiores de consciência, bloqueia o psiquismo e interfere na integração mediúnica com a entidade.

Escasseia a inconsciência total e hoje é fenômeno raríssimo. Logo é ilusão a manifestação acompanhada de uma espécie de "apagão" – anestesia geral –, bloqueando os sentidos, audição, visão, tato, olfato e paladar. Isso não mais ocorre, a perda total da consciência, e justamente são esses sentidos psíquicos ampliados, mas lúcidos, que os espíritos utilizam quando se comunicam e encontram médiuns devidamente educados, objetivando o aconselhamento espiritual benfeitor.

Raramente um médium iniciante estará firme em seus propósitos no mediunismo e no conhecimento de si mesmo. Reflitamos que Jesus, provavelmente o maior médium de cura que já encarnou, precisou de um rito com um mestre de iniciação a conduzi-lo – João Batista. Somente a partir de seu batismo, sentiu-se "pronto" e "firme" para começar a hercúlea missão terrena.

A Umbanda tem características próprias de educação e desenvolvimento mediúnico que lhe dá identidade e a faz diferir de outras doutrinas que tem também centralidade no intercâmbio com o plano sobrenatural. Busca-se ininterruptamente "firmar" a cabeça do médium com os Guias Espirituais que o assistirão nas tarefas ao qual se comprometeu antes de retornar mais uma vez ao corpo físico.

Indispensável o estágio preliminar na assistência, período de observação pelo médium, do terreiro a que se propõe vincular, sem ter um tempo preciso estipulado, mas sempre um período necessário e justo para que a confiança do futuro adepto sustente sua decisão de fazer parte da corrente – escolha suficientemente robusta para que não paire quaisquer dúvidas. Somos contrários a pressões do tipo: se não assumir tarefa sua vida vai para trás; você é um espírito endividado; seus guias estão cobrando seu compromisso pactuado; fora da caridade não há salvação... Entre outras sentenças que obrigam o médium a cair numa armadilha, escolhendo uma troca que o beneficiará em vez de verdadeiramente conscientizá-lo do sentimento sincero e na vontade serena de doar-se incondicionalmente.

Aprendi com os mais velhos na religião de Umbanda, que somente ao se entrar para uma corrente mediúnica, começará o período de aprendizado para "firmar" os Guias Astrais na percepção psíquica do medianeiro.

**Especificamente, o que se ensina ao médium nas sessões de desenvolvimento:**

- os espíritos podem propagar energia mental na forma de irradiação eletromagnética. O fenômeno mediúnico se dá entre emissor e receptor, que precisarão apurar a precisão do processo. Esta potencialidade é inerente ao médium e é impossível um sacerdote concedê-la. O que se faz é confirmar o que já lhe é intrínseco ao espírito, pois o corpo astral já vibrava em frequência única e incomparável sensível a influência dos Guias antes da atual encarnação;

- o aprimoramento e a qualidade do transe fundamentam-se no ajuste da sintonia vibratória entre o médium e o espírito comunicante. Obviamente não se aperfeiçoa o que não se têm e nada adianta insistir-se em ritos iniciáticos se a sensibilidade mediúnica não é pré-existente;

- o envolvimento mediúnico, uma espécie de acasalamento entre as emissões mentais do guia e a receptividade do médium, ocorre pela combinação fluídica entre ambos, assim como a água limpa não deve ser colocada em jarro sujo. O maior esforço será o do médium, que deverá trabalhar arduamente para apurar seu psiquismo e se tornar um bom instrumento; o que está em baixo deve ser igual ao que está em cima para que haja a comunicação mediúnica aproveitável no transe; no mediunismo deseducado o fenômeno é inquestionável, mas a mensagem não tem qualquer serventia para o melhoramento de caráter;

- gradativamente há o amadurecimento do médium para a concretização da assimilação das correntes mentais do guia, que ocuparão naturalmente sua psicomotricidade, como se a entidade encarnada estivesse. Esse processo, após ser interiorizado no psiquismo, acontecerá com fluidez, assim como o leito do rio segue calmamente em direção ao oceano.

Finalmente, o médium educado não mais ocupará sua mente com a preocupação de dominar o fenômeno da chamada incorporação. Estará sim, "ocupado" e preenchido em sua casa mental pelo pensamento contínuo e sustentado da entidade.

O que descrevemos inicia em aprender a dar passividade psíquica nas sessões de desenvolvimento mediúnico, permitindo conscientemente o envolvimento fluídico e o aprofundamento do transe, firmando gradativamente o fenômeno em conformidade aos rituais indutores, às chamadas por linha e Orixá, tão comuns nos terreiros, que ensinam os médiuns iniciantes a darem "passagem" às entidades para que se "apropriem" harmonicamente da cognição e psiquismo dos mesmos.

Durante o amadurecimento do transe, serão fixados na rede sináptica cerebral do médium certos padrões de circuitos elétricos neuronais – já comprovadas pelas pesquisas médicas na área da neuropsiquiatria dos estados alterados e superiores de consciência, que servem como gatilhos mentais criadores do automatismo "orgânico" do transe. É quase como se o guia do lado de lá apertasse um interruptor para ativar estes circuitos do médium, disparando o processo de comunicação entre ambos.

A Umbanda tem um arsenal peculiar: banhos de firmezas, descargas energéticas, rituais nos pontos de forças da natureza... Entre outros cerimoniais litúrgicos que pontuam a caminhada por toda a vida dos adeptos. Não cabe descrevê-los detalhadamente nesta obra, pois nosso objetivo maior é a pedagogia da Umbanda que impacta positivamente na mudança do comportamento e caráter humano. Nosso enfoque baseia-se no fato que a manutenção do equilíbrio espiritual e psicobiosocial das comunidades terreiro encontram nos transes rituais de Orixás, guias e falangeiros o núcleo central.

Os preceitos são recomendações de segurança para os médiuns. Existem diversas orientações preceituadas a todos, como os resguardos e banhos antes das sessões práticas. Todavia, o valor maior do preceito está no receituário individualizado, o que exige destreza do sacerdote como "cuidador" de cada Ori – cabeça. Assim, não existe um preceito igual ao outro, haja vista a especificidade energética de cada médium, suas características inatas e aptidões psíquicas, por sua vez influenciadas pelos "seus" Orixás de frente e adjunto. Cada Ori é único e mesmo que tenham a mesma regência de Orixá compondo o Eledá, haverá qualidades e desdobramentos vibratórios incomparáveis e por vezes incompatíveis. Há que se ter acuidade psíquica, inquestionável cobertura mediúnica e consolidado saber de terreiro angariado no tempo com os mais velhos, aliado a ética e caráter ilibado para manejar-se adequadamente os elementos sacralizados que compõem os preceitos e oferendas. Lidamos com vidas e toda seriedade e respeito são poucos, dada a enorme responsabilidade do sacerdócio umbandista.

Quanto às iniciações, infelizmente, hoje verificamos muitos placebos, sem efeito algum, "receitas de bolo" realizadas até a distância pela internet. A simples "iniciação" de um indivíduo desprovido de certos atributos básicos e essenciais, e ainda sem mediunidade, não o habilita como um "iniciado" legítimo, com direito a pertencer à corrente astral de Umbanda. Cabe ao sacerdote, dirigente, zelador, diretor de rito ou chefe de terreiro escolher com muito critério aqueles realmente dignos de aceitação e posterior iniciação, preponderando os atributos básicos e essenciais, além da mediunidade ativa direcionada para as lides de terreiro, "impressa" no corpo astral, antes da reencarnação da criatura, pois obviamente nenhuma iniciação a ativará se não for preexistente essa sensibilização.

**E quais seriam os atributos básicos e indispensáveis a todo iniciado na Corrente Astral de Umbanda?**

- caráter superior e inabalável;
- senso ético apurado – certo ou errado no comportamento do religioso;
- mediunidade ativa na Lei de Umbanda;
- vontade de servir e não de ser servido;
- aptidão psicológica para lidar com a dor humana e resiliência para suportar conflitos interpessoais;
- habilidade de relacionamento humano;
- consciência de que sua individualidade é de menor importância diante os interesses comuns da coletividade;
- persistência;

- empatia com o sacerdócio.

Sem dúvida nenhuma, todo médium de Umbanda é um sacerdote, um templo vivo e receptáculo de forças sagradas, instrumento de ligação com o mundo sobrenatural dos Orixás, que se movimentam em auxílio das humanas criaturas e faz dele o intermediário dos abnegados guias espirituais.

Reflitamos que nada adiantará uma estupenda mediunidade se falhar o caráter. Assim, firmezas, preceitos e iniciações no terreiro não determinam a qualidade da sintonia. Muitos templos estruturaram excelentes métodos rituais, esmerados graus iniciáticos e apresentam portentosos fenômenos suprafísicos, todavia fracassam galhardamente na intenção que os move na busca do intercâmbio com o lado de lá. A complexidade ritualística, a beleza externa de enredos mitológicos coreografados e a intensidade da movimentação corporal dos transes, podem esconder uma profunda ausência de caráter e ética, distantes das tradições e fundamentos originais da religiosidade com os Orixás que permeia a devoção dos adeptos umbandistas.

# Os passes e as consultas espirituais

Então, o que acontece no momento dos passes e aconselhamentos espirituais com o médium em transe lúcido?

Entremeando os passes e aconselhamentos espirituais junto às pessoas que procuram os terreiros, se vivencia experiências extrassensoriais. Quando o médium cede passivamente seu mental ao espírito comunicante, temos as percepções sinestésicas, que ocorrem ao escutar o depoimento de um consulente frente a frente com o mesmo e perceber suas energias vibratórias em termos de paladar, olfato, cores e sons, estímulos psíquicos que podem vir acompanhados de fortes emoções negativas, como raiva, tristeza, angústia, vontade de chorar, ou positivas, como bem-estar, alegria, leveza, amor, entre outras sensações.

Certa vez, atendemos um consulente que tinha sofrido um incêndio em sua casa e, durante seu relato, sentimos cheiro de plástico queimado, escutamos o crepitar das chamas e o calor nos fez suar como se estivéssemos dentro da cena descrita. Outras vezes, ao darmos um passe, feriu-nos as narinas o odor do duplo-etéreo do atendido, oriundo de suas emanações fluídicas, imperceptíveis em estado ordinário de consciência. Há ocasiões, durante os ritos de louvação aos Orixás, em que escutando as cantigas que trazem palavras que nos "encantam" e nos induzem a criar imagens mentais, visualizamo-nos numa mata, numa beira de cachoeira ou em lindos jardins floridos, "catarses" acompanhadas de cheiro de mato, pássaros cantando, barulho de água rolando nas pedras, e por vezes vemos animais como águias, onças, papagaios, lobos, búfalos, símbolos induzidos pelos rituais, ligados à ancestralidade xamânica, que afloram do inconsciente.

Por isso tudo é que no momento das consultas espirituais, o templo umbandista está repleto de espíritos trabalhadores e desencarnados que serão atendidos. O ponto central de todos os trabalhos realizados são os médiuns com seus protetores. Como usinas vivas fornecedoras de ectoplasma, aglutinam-se em torno desses medianeiros os técnicos astrais que manipularão os fluidos necessários aos socorros programados. Dependendo das especificidades de cada consulente, movimentam-se as energias afins, por linha vibratória – Orixá – correspondente à necessidade de cada atendido. Ao mesmo tempo, cada guia atende em determinada função, havendo uma enorme movimentação de falanges que se deslocam para onde for necessário, tanto no plano físico como no mundo espiritual, para realizar as tarefas a que estão destinadas e autorizadas.

Nada é feito sem um comando hierárquico e ordens de serviços criteriosas, de conformidade com o merecimento e o livre-arbítrio de todos os envolvidos. A instância superior que dita e detalha a amplitude do que será feito tem recursos de análise criteriosos, que tornam impossível haver equívocos ou erros, mesmo quando há penetração na corrente mediúnica por invigilância dos próprios médiuns.

É indispensável que os médiuns cheguem ao templo umbandista imbuídos do ideal de doação, esquecendo-se de suas mazelas, de seus ressentimentos e das pequenas lamúrias do dia a dia. O mais importante aos amigos benfeitores é que esqueçamos nossos problemas pessoais e elevemos os pensamentos ao Alto, entregando-nos com amor às tarefas mediúnicas. Se todos conseguissem isso por algumas horas, uma vez por semana, no momento em que se encontram presentes no terreiro, facilitariam enormemente todos os trabalhos, independentemente de ritual ou elementos utilizados.

Há de se esclarecer que a incorporação permite relacionarmo-nos com irmãos espirituais e com eles aprendermos, pois, sem dúvida, sabem mais do que nós. Por sua vez, os amigos benfeitores precisam dos médiuns, para, por intermédio deles, ensinar àqueles que vêm pedir auxílio nos terreiros. Com a repetição do "fenômeno" da incorporação, vivenciamos a vibração de cada entidade e, com a passividade de nossos sentidos – e por que não de nosso corpo físico? –, vamos nos educando com as Leis Divinas e, ao mesmo tempo, burilando nosso caráter e adquirindo atributos que nos espiritualizam e nos tornam homens do bem e cidadãos mais amorosos.

Muitos chegam iludidos do que seja realmente a incorporação mediúnica positiva e precisam ser instruídos para uma manifestação psíquica produtiva, educada e com serventia para os benfeitores espirituais.

Basta olharmos os vídeos nas redes sociais para vermos: ali um médium urra ornado com o "caboclo" de enorme penacho como se estivesse nas planícies norte americanas caçando búfalos; acolá um aspirante, durante o recebimento de um passe, "incorpora" e dança rodopiado até cair desequilibrado e quase bater com a cabeça no chão; lá uma jovem rola no chão como se fosse uma criança imitando as marolas do mar; aqui um médium bebe ininterruptamente goles de cachaça e grita palavrões, pois, em contrário, seu "exu" não fica "baixado"...

É plenamente aceitável o movimento corporal no processo de mediunização nos terreiros, bem como a utilização de certos objetos externos, pontos focais de concentração mental, que, servem de referenciais simbólicos aos circunstantes que participam dos trabalhos caritativos nos terreiros sérios e, em muitos casos, até de catalisadores energéticos para os espíritos atuarem magneticamente no ambiente.

Todavia, infelizmente há terreiros em que impera a vaidade, para os médiuns serem admirados por quem os olha, a indisciplina, a falta de estudo, e medra o exagero teatralizado, o animismo coreográfico descontrolado com práticas fetichistas perdidas no tempo, mantendo as criaturas aprisionadas em nome de falsas raízes ancestrais. São tradições que precisam ser compreendidas em seus fundamentos profundos e ritualizadas à luz das consciências da presente época, eis que a Lei de Evolução Cósmica prescreve a contínua mudança.

Conscientizemo-nos de que mediunidade de incorporação não é brincadeira, é coisa séria para gente séria. Nenhuma entidade benfeitora, legitimada por direito conquistado para atuar sob a égide da Lei de Umbanda, levará seus médiuns à exposição do ridículo e muito menos a desvios morais ou de caráter. Os centros realmente de Umbanda trabalham com ordem, método, organização, disciplina e muita ética.

Assim, como o tempo engrossa o tronco do carvalho, os médiuns, paulatinamente, vão se integrando ao ritual do terreiro. Pouco a pouco, sem pressa, suas incorporações se firmam, aprendem a reconhecer o magnetismo peculiar de cada entidade espiritual que os assiste mediunicamente. As sutilezas vibratórias que caracterizam cada uma das linhas de trabalho, agrupadas por Orixá, finalmente estão internalizadas, compondo a sensibilidade do medianeiro, tal qual um violino bem-afinado pelo músico. Enraiza-se-lhe no psiquismo um saudável automatismo, pelo método de indução aos estados alterados de consciência aplicados e vivenciados repetidamente, pois o ritual que o abraça é disciplinador e conduz à destreza mediúnica consolidada.

Entre tantos amacis – lavagens de cabeça –, banhos litúrgicos, consagrações com pemba e firmezas na natureza, que objetivam fortalecer o tônus mediúnico e a ligação fluídica do sensitivo trabalhador com os guias astrais e demais falangeiros, chega o dia em que o médium é autorizado pelo chefe do terreiro e começa a dar os primeiros passes nos consulentes, sendo assistido, se preciso pelo diretor de rito ou dirigente espiritual.

Além de exigir-se que domine a manifestação mediúnica que ocorre em seu mundo psíquico interno, e dela externamente para o plano astral, conduzindo-se com maestria pelos intrincados mecanismos da incorporação sem perda total da consciência, conforme inicialmente falamos ainda lhe impactam nos centros de percepção perispiritual as emoções, os sentimentos e as vibrações dos consulentes e desencarnados que os acompanham. Existe uma sensibilidade natural, nervosa, anímica, de captação psíquica do médium para os consulentes. Essa capacidade de "absorção" do psiquismo do outro é potencializada pelo envolvimento áurico do guia astral. Ainda há que se considerar, em alguns casos, os fenômenos de vidência – ver – e os de audiência – ouvir –, surgindo na tela mental, pelo do chacra frontal, imagens e sons extrafísicos, por vezes desconexos.

É imprescindível uma "perfeita" incorporação mediúnica, ou seja, a interpenetração do corpo astral da entidade amparadora com o corpo astral do médium, que fica levemente expandido pela irradiação magnética alvo do guia astral, para que o médium em si mesmo consiga suportar, por sua vez, o impacto das auras dos consulentes – e obsessores acompanhantes –, muitas vezes imantadas por campos de forças negativas de trabalhos magísticos feitos, constrangendo-lhes sua própria aura, duplo etéreo, chacras, centros e plexos nervosos, daí para as glândulas e para o sistema nervoso autômato, podendo somatizar-se, desestabilizando-lhe a homeostasia e higidez corporal e até mental, abalando-lhe a saúde em amplo espectro de ação mórbida.

A função mediúnica mais dilatada e de maior responsabilidade ocorre quando existe o contato direto com os consulentes, olho no olho, uma peculiaridade marcante da Umbanda. É sua identidade, o que a diferencia dos outros cultos e abaliza sua independência, pois estabelece um método doutrinário próprio e uma teologia única; uma unidade aberta em construção, uma doutrina não codificada que se transforma e se adapta onde se localiza, mantendo-se viva e dinâmica no tempo, num processo contínuo de mudanças e reinterpretações simbólicas, rituais e litúrgicas, em conformidade com a necessidade de cada comunidade terreiro junto à coletividade que a cerca.

Voltando ao médium, obviamente sua aura se abalaria, adquirindo rupturas em sua tela etérica, um campo vibracional específico existente no duplo etéreo que o liga, por sua vez, ao perispírito e este ao corpo físico, filtrando os impactos negativos energéticos existentes quando o médium é exposto ao trabalho intensivo de consultas aos moldes da Umbanda. Se ele não tivesse o guia espiritual servindo-lhe como escudo de proteção, rapidamente se fragilizaria e perderia o tônus fluídico e, persistindo na tarefa com o campo áurico aberto, sem dúvida, adoeceria rapidamente. Na mecânica de incorporação, quando educada e firme, o campo vibratório do corpo astral do falangeiro o envolve, "contendo-o" como se fosse uma esfera dentro da outra – a maior, o espírito benfeitor, e a menor, o médium.

Mesmo com todo o zelo do lado de lá, de tempo em tempo, requer-se a vivência em certos ritos de reforço áurico para o medianeiro se refazer; rituais do fogo, descargas energéticas com fundanga (queimar pólvora), banhos litúrgicos, lavagens de cabeça com ervas, entre outros preceitos individualizados, conforme abordamos anteriormente.

Por sua vez, o espírito falangeiro, com habilidade, liga-se aos Orixás e mantém um intercâmbio de Ori a Ori – cabeça a cabeça, mente a mente – com o médium, envolvendo-o em amplo e firme enfeixamento de onda magnética etéreo-astral, servindo como ponte e ponto de catalisação dessas forças divinas, os Orixás. Sem dúvida, o que nenhum médium ou sacerdote sozinho consegue realizar, mesmo havendo assentamentos vibratórios consagrados no espaço sagrado – otás, de pedras ou cristais –, tronqueiras, altares, pois se presume a indispensabilidade da interferência do mundo espiritual, verdadeiramente o executor de todas as tarefas realizadas.

Reforçamos que o tempo é indispensável e de suma importância ao aprendizado do médium. A captação psíquica que exerce em cada encontro ritual pode lhe exaurir se não estiver adequadamente "calibrada" a sensibilidade anímica. Por isso, paciência nunca é demais, e a pressa se mostra contraproducente.

A malformação mediúnica se efetiva quando o período em que deveria estar se conhecendo, às suas habilidades psíquicas – como se ampliam as percepções durante os estados alterados de consciência –, que exigem vivência prática em grupo, é substituído pelo imediatismo alimentado por deslumbramento e curiosidade pueril diante dos fenômenos mediúnicos.

Os verdadeiros guias astrais são parcimoniosos e não têm falsas urgências de trabalho, ao contrário dos obsessores, que fomentam o "encantamento", instigam a fascinação diante de conhecimentos adquiridos rapidamente, de magias e mistérios desvelados em poucas horas ou dias, pois lhes apraz a dominação mental, atiçada pela ânsia do intelecto de conhecimento pelo mero conhecer.

O aprendizado da incorporação requer a integração em uma corrente constituída e firmada. É de suma importância o pertencimento (adesão) a um centro, comunidade terreiro ou templo umbandista, para que todas as etapas de construção da manifestação mediúnica equilibrada, saudável e madura se concretizem nos médiuns, tanto no aspecto cognitivo, ético e de caráter, quanto emocional; etapas essas que elaboram o desenvolvimento mediúnico no contexto dos rituais disciplinadores presenciais, de que a Umbanda se utiliza para os processos de ampliação da consciência ou transe serem eficientes.

Importante salientar que essas experiências não se restringem ao aspecto meramente pessoal, extrapolando o mundo íntimo de quem as vivencia muito além das relações sociais dos terreiros.

Urge o conhecimento mais profundo de nossa potencialidade psíquica, com fundamento e arguto senso de observação dos dirigentes e médiuns da Umbanda, para que possamos estabelecer uma clara e segura diferenciação entre o normal, saudável e o patológico, uma enfermidade anímica.

Obviamente, o pertencimento a grupos, terreiros e comunidades, todos associados inexoravelmente na exigência de compromisso com uma tarefa caritativa, como o são os passes e aconselhamentos espirituais, é motivo de segurança mediúnica aos trabalhadores, amparados por prestimosos exus, caboclos e pretos velhos; o que não interessa a nenhum espírito mistificador. Quanto mais solitários forem seus médiuns, mais fáceis presas eles serão.

Lembremos que Jesus só começou a pregar a Boa-Nova após reunir os 12 apóstolos. O Mestre, primeiramente, ocupou-se de formar um grupo, instruí-lo e prepará-lo, para que cada um se tornasse mestre de si mesmo após o calvário do sublime peregrino.

# A fisiologia do passe mediúnico

Nos ritos da Umbanda, existe um momento de profunda genuflexão, estar à frente de uma entidade manifestada, "ocupada" (incorporada) no médium, para o recebimento do passe.

Os mais velhos sempre ensinam que jamais um consulente deverá sair de um ritual religioso umbandista sem antes receber esta transfusão de energias, o chamado passe mediúnico. Diferencia-se dos demais tipos de passes, sem estabelecermos senso de superioridade de um sobre outro, pelo fato da mecânica de incorporação exigir uma lauta doação de fluído e todo um preparo e fundamento entre entidade e médium.

O Passe, fluidoterapia, como é também conhecido, é uma transfusão de uma certa quantidade de energias fluídicas vitais, abstraídas da própria composição biológica do médium (o iniciado também repassa o "axé" pessoal neste ato), associadas diretamente ao Plano Astral e manejadas pela entidade incorporada. O propósito de atuar em nível do corpo bioeletromagnético da pessoa beneficiada, perpassando plexos nervosos, chacras, nadis e meridianos, repercutindo no duplo etéreo e até em camadas mais profundas do perispírito, é uma prática conhecida desde as religiões mais primitivas.

Desde as origens da vida humana na Terra encontramos os ritos de aplicação dos passes, não raro acompanhados de rituais, como o sopro e a fricção das mãos. A prática do passe sempre foi de todos os lugares e de todos os tempos, externamente revestida das mais variadas fórmulas e dos mais exóticos ritos, ajustados ao degrau mental de seus praticantes: nasce o passe no cântico ou evocação dos pajés e antigos pais de segredo em favor dos enfermos de sua tribo ou comunidade, passando pelas vias da "benzedura" e das "rezas" das quase extintas benzedeiras populares. Culmina nos terreiros umbandistas, desde os tempos primórdios de surgimento do culto, em que iniciou como recurso fundamental para a harmonização da alma ou do corpo de todos os participantes. Como permuta das energias no tratamento das perturbações espirituais transitórias que sofrem as pessoas, no reequilíbrio de si mesmas, nos complexos casos de obsessão e de cura, dizia de sua finalidade o Caboclo das Sete Encruzilhadas.

A aplicação do passe tem como finalidade auxiliar a recuperação de desarmonias físicas e psíquicas, substituindo os fluidos deletérios por fluidos benéficos; equilibrar o funcionamento de células e tecidos lesados; promover a harmonização do funcionamento de estrutura neurológica que garantem o estado de lucidez mental e intelectual do indivíduo.

A cura verdadeira das doenças está relacionada ao processo de reajuste do Espírito, que pode extrapolar o limite de tempo de uma reencarnação, sendo o passe apenas um instrumento de auxílio, o que significa que, às vezes, a cura não é para esta vida... Mas ao receber o passe e fazer o tratamento, o consulente vai sendo preparado para olhar para o espírito, para introjetar a ideia de espírito imortal, em caminhada evolutiva. O corpo físico serve de mata-borrão, em que a enfermidade se instala e caso o consulente venha a desencarnar, fica neste corpo toda a energia negativa, para que o espírito possa libertar-se de suas frustrações, dos morbos psíquicos, e possa seguir em frente, livre do pesado fardo da matéria.

Não existem milagres, mas o auxílio espiritual é dado a todos os que buscam, mas depende de cada um, de sua crença e fé, de seu merecimento e de sua vontade de superar as dificuldades.

Quando não é possível a cura, torna-se necessário que o consulente procure viver com a enfermidade, tratando-a, não cometendo excessos e buscando mais qualidade de vida.

Basicamente, há três tipos de passes:

Magnético – transmitido pelo médium

Mediúnico – incorporação do médium, com o auxílio dos espíritos do Plano Astral

Espiritual – Pelos Espíritos, com ou sem assistência dos médiuns.

No Passe Magnético, existe uma concentração e doação do médium de fluído vital magnético, todavia não precisa estar mediunizado, o que não significa que os espíritos não estejam juntos na irradiação intuitiva

O Passe Mediúnico acontece, conceituamos para efeito desta obra, no momento da incorporação do médium por seu Guia, aos moldes das Engiras de Umbanda – caboclos, pretos-velhos, exus e orientais, outros...

O Passe Espiritual pode ainda ser ministrado diretamente nas pessoas pelos Espíritos. Todavia, precisam de fluído vital, sejam de homens, vegetais ou de outros doadores indiretos.

Entendemos que a condição para o passe é sinônimo de segurança mediúnica! Portanto, são as chamadas regras básicas que devem ser observadas para que todo médium seja um bom passista, independentemente do tipo de passe a ser aplicado. Alguns médiuns possuem muitos "vícios" e maus hábitos, têm sérias dificuldades em manterem-se equilibrados nesse trabalho sutil, mas que exige muita disciplina, caráter, boa vontade e doação. Explicaremos os tópicos abaixo relacionados da condição para o passe:

- Higiene física; roupa branca limpa.
- Alimentação leve e adequada, sem excessos.
- Meditação e oração.
- Estudo.
- Confiança em Deus.
- Pensamento harmônico – fluído leve para trabalhar com cura.
- Esforçar-se por eliminar vícios.
- Equilíbrio nas atitudes (senso de percepção).
- Evitar tocar o consulente.
- Não deve dar passe se estiver doente ou intoxicado.

O médium deve ter cuidado com a higiene pessoal e com as roupas de trabalho, que devem estar sempre limpas. A higiene atrai energias positivas e é um ato de respeito para com a egrégora espiritual que o assiste; com os médiuns e para com os consulentes que atenderá no trabalho mediúnico.

A alimentação também é muito importante, devendo evitar carnes e comidas pesadas para que não se sinta cansado e sonolento no momento do trabalho mediúnico, com fluído denso que certamente atrapalhará o atendimento aos consulentes. Assim como deve esforçar-se por eliminar os vícios do fumo, visto que seu fluído fica impregnado com as toxinas da nicotina.

Na manhã que antecede o trabalho mediúnico, o médium deve elevar o pensamento, meditar solicitando o auxílio dos Guias e Falangeiros para que tenha um dia de harmonia para estar bem-equilibrado na hora dos trabalhos e para que não ocorram os "famosos" imprevistos, os quais o astral inferior não raras vezes, se utiliza para desviar o médium de sua tarefa.

As carências, as fragilidades, a dificuldade de dizer não, as inseguranças, o medo, os melindres, são usados pelo astral inferior porque eles estudam o médium e de forma muito sutil, vão minando a mente e também causando atrasos da mais variada ordem, para que o médium não consiga chegar a tempo e trabalhar.

É perfeitamente compreensível que em determinados momentos seja necessário resolver assuntos pessoais, mas deve sempre estar atento aos sinais de como, quando, onde e por que imprevistos ocorrem geralmente próximos ao horário de deslocar-se para o Terreiro de Umbanda e com qual frequência.

O médium que cede sempre aos chamados "imprevistos" acaba por desistir da mediunidade com muita facilidade. Mas aquele persistente, que se esforça, acaba por vencer os momentos de infortúnio e é finalmente deixado um pouco em paz, porque não se deixa abater; aí as dificuldades deixam de ser para chegar no trabalho e terão outro foco, como por exemplo, família, compromissos no trabalho, viagens, saúde etc. Por isso, Jesus alerta para o "Orai e Vigiai".

O médium que consegue chegar mais cedo no Terreiro para trabalhar tem mais tempo para harmonizar-se e observa que a sessão mediúnica para ele flui melhor. Os que não conseguem, chegam em cima da hora, têm mais dificuldade para deixarem as atribulações do dia e custam um pouco mais para adquirir a calma e o equilíbrio necessários.

O estudo aliado à prática do trabalho confere maior confiança e facilita o intercâmbio com os Guias espirituais, porque ao ser intuído, o médium sabe o que fazer e por que; confiar em Deus e na Egrégora Espiritual que o assiste, ou seja, ter fé faz parte de sua segurança mediúnica.

Quando se fala em "senso de percepção", significa que o médium deve observar-se quando sente as alterações de humor, os mal-estares, a irritação, a raiva, dores (dor de estômago, dor de cabeça), náuseas etc. Quando começou, se foi no dia do trabalho mediúnico ou na véspera e se tem realmente fundamento, ou seja, se está com problema de saúde; se discutiu ou se incomodou com alguém; se está magoado ou com algum problema de ordem pessoal que não está conseguindo resolver... Em caso contrário, a percepção está alterada, porque o Plano espiritual já está atuando e o médium sintonizou com o problema do consulente que será atendido e, provavelmente, também com entidades que necessitam de atendimento e que já estão próximas do médium. Isto é o chamado "senso de percepção" – saber o que é seu e o que é do outro! Muito importante: médium é médium 24 horas por dia.

Quando ele percebe o que está acontecendo, sendo ele trabalhador no atendimento mediúnico observa que alguns consulentes que atende, relatam os sintomas daquilo que ele percebeu antes, portanto, após o término do atendimento ele sente-se bem, porque há o encaminhamento da(s) entidade(es); assim como, também o consulente que recebeu o passe de energias salutares e o aconselhamento.

Os médiuns têm sensibilidade mais aflorada e muitas vezes, no momento do passe, sentem o desconforto do consulente e também quando há obsessor no campo energético desse consulente. Esses médiuns não devem ressentirem-se da energia negativa, se estiverem devidamente incorporado pelo Guia Astral. Mesmo que o obsessor – que muitas vezes não deseja estar ali, ou ainda outra entidade enferma que veio para ser tratada junto, sentindo aperto na garganta, vontade de tossir, dor de cabeça, náuseas... deve firmar a incorporação e seguir nos atendimentos. Se necessário, pode se descarregar ao final dos trabalhos, rito coletivo de limpeza energética do terreiro.

Por que acontece de percebermos as sensações dos consulentes?

Porque ao tratarmos de enfermidades, ao ministrar o passe, ficam próximos fisicamente (frente a frente), o médium e o consulente, e há uma troca de energias, os fluídos mórbidos, miasmas e os pensamentos negativos que estão permeando a aura do consulente nesse desequilíbrio, vêm à tona, pois o passe visa justamente transmutar os fluídos mórbidos em fluídos salutares e o médium sendo sensível às energias, muitas vezes, também sente odores fétidos emanados do duplo etéreo, (por isso se deve dar o passe dispersivo na área gastrintestinal) o que causa as náuseas e a sensação de dor de cabeça. Neste momento, o pensamento tem que ser firme, pedindo auxílio mentalmente ao Guia/Protetor presente e não julgar, nem se envolver no processo do outro, não deixar a mente fraquejar.

O Plano Espiritual Superior está presente e sempre ampara e protege o médium que está firme em seu propósito de atendimento; ele então sente, observa, mas deve compreender que estas energias não são suas, então trabalha com confiança junto ao guia, mas não se envolve, ou seja, doa energia salutar e não absorve, mantendo a sustentação adequada da incorporação. Isto é de suma importância, porque aquele médium em desenvolvimento, conhecido como "esponja" que puxa tudo para si e não sabe transmutar, termina o trabalho muito cansado, porque além de doar o próprio fluído, ainda assim, absorve o que não lhe compete. Neste caso é necessário educar a mediunidade, firmar a incorporação nas sessões de educação mediúnica.

No momento do passe, o médium tem que ter absoluto controle e equilíbrio; ministrar o passe e não deixar que o consulente perceba a interferência em seu campo; então após o consulente sair, o passista deve saber se "limpar" de fluídos mórbidos que possam ter ficado com ele. Por isso, reforçamos trabalhar também a questão dos vícios, porque emitem fluídos tóxicos e recebem dos consulentes que fumam ou que fazem uso do álcool, os mesmos fluídos mórbidos. É trabalhoso ao Plano Espiritual Superior desintegrar as energias deletérias. Trabalho mediúnico requer postura e consciência!

Agora, quando realmente o médium está com problema de saúde; está desequilibrado e com pensamentos negativos; sente-se desorientado, nervoso; fez uma refeição que não digeriu bem; está literalmente intoxicado... Ele não deve trabalhar no passe! Fica então, na segunda corrente ou na assistência e deve conversar com o dirigente do trabalho, avisando que não está em condições no momento.

Por quê?

Porque como já explicamos, ao ministrar o passe, ficam próximos fisicamente (frente a frente), o consulente a ser tratado unido a energia do médium que não está boa porque ele também está em desequilíbrio.... Observemos que "quando há merecimento do consulente" os Guias Espirituais "isolam" a energia negativa do médium e atuam em prol do consulente, mas isto não deve se tornar uma constante, portanto, é necessário que o médium trabalhe o senso de percepção e seja honesto consigo mesmo.

Quantas vezes, o médium trabalhador tem que conversar com um consulente sobre o mesmo problema que ele está passando... Às vezes, nem ele sabe como resolver no dia a dia, mas ele tem que orientar e confortar; pode ser uma dificuldade financeira; um problema sério de saúde como o mal de Alzheimer; o desemprego; o desencarne de um ente querido; a síndrome do ninho vazio, quando os filhos saem da casa dos pais; uma separação; problemas com drogas; alcoolismo etc. A Espiritualidade sempre traz aquilo de que necessitamos em nosso benefício, porque é desta forma que vamos mudando e percebendo que só podemos aconselhar quando estamos também dispostos a enfrentar as mudanças com coragem, com ânimo e que é possível porque tudo passa e nos fortalece!

O aprendizado é diário, portanto, observar sempre como está se sentindo e o que está necessitando para obter equilíbrio e bem-estar. Nosso momento é aqui e agora porque o ontem já se foi e amanhã será outro dia.

No momento do passe deve-se "evitar tocar o consulente" para não ser invasivo; cuidar para não aproximar muito as mãos do rosto do consulente. Existem também as pessoas carentes que devem ser tratadas com respeito, mas de forma a não se tornarem dependentes solicitando atendimento para os mesmos assuntos com frequência, e sim, encorajá-los a terem mais autoconfiança, porque todos têm capacidade. Quando o seu corpo não guarda ressentimentos, os seus pensamentos tornam-se mais claros.

# A pedagogia da Umbanda

Um equívoco dos médiuns iniciantes, tanto espíritas quanto umbandistas, independentemente das denominações; preocuparem-se demasiadamente com os fenômenos, a forma como o mediunismo se manifesta. Esquecem de apurarem em si os mecanismos íntimos de melhoramento psíquico que apuram a sintonia com os espíritos benfeitores.

Há de se ter claro que o transe incorporação é anímico e mediúnico ao mesmo tempo. Os fenômenos externos que enchem os olhos e por vezes transbordam o coração de vaidade pelos elogios recebidos e ansiados, só servem de bengalas para o ego exaltado e não são suficientes alicerces psíquicos para modificar os pensamentos equivocados e as atitudes indevidas diante das Leis Divinas.

Pensemos que todos e quaisquer fenômenos mediúnicos podem e devem convencer o homem de sua imortalidade, dando-lhe confiança na continuidade da vida além-sepultura. Todavia, não convertem ninguém à vida moral superior, conduzindo-nos a ser homens do bem e cidadãos de bom caráter se nós mesmos não fizermos a faxina interna em nossa casa mental.

De que vale a convicção íntima de nossa imortalidade se ela não nos educa os pensamentos para usufruirmos a plenitude da vida espiritual depois da morte física? Muitos desencarnam em sérias complicações espirituais, embora adestrados médiuns com um séquito de entidades a cumprir-lhes as ordens.

Muitos médiuns não seguem nenhum princípio de libertação espiritual e renovação interior, preferindo apenas usufruir dos fenômenos externos que só afetam os sentidos físicos e impressionam os que os procuram. Não por acaso, Jesus solucionou muito bem esse assunto, quando Pedro irritou-se contra a multidão inquieta somente pelos fenômenos milagrosos, dizendo-lhe com firmeza: "Que te importa, Pedro, que não me sigam? Segues-me tu?". A escolha é um estado interno pulsante no indivíduo, profundamente psíquico, eletiva a sua consciência que anseia romper os cordões estreitos que a amarram na mera e fugaz existência física humana, preenchida de ilusões de posses que viciam a mente no ter e não na essência do ser.

Na Umbanda, somos condicionados a, fundamentalmente, reconhecer os espíritos que nos assistem. Contudo, o estudo continuado também é indispensável, tanto antes quanto após os encontros ritualísticos que "treinam" o reconhecimento fluídico das entidades. A percepção e a correta identificação das vibrações atuantes dos Orixás – todas acontecem ao mesmo tempo –, que, por sua vez, formam as linhas vibratórias de trabalho que se cruzam durante as consultas, devem conduzir o médium a identificá-las e nomeá-las claramente para bem operar mediunizado pelos guias.

A firmeza mediúnica é porto seguro para que seu campo psíquico mediúnico não tenha interferências de espíritos embusteiros, que almejam fazer se passar pelas genuínas entidades de Umbanda.

Por mais destreza que tenha um espírito mistificador do Astral no manejo dos fluídos, ele não consegue imprimir nele mesmo amorosidade e singeleza vibratória, atributos que os mentores astralizados já angariaram. Assim como um sabiá habilmente empanado não canta como o verdadeiro, todavia engana um surdo, pois se parece com o genuíno, assim os espíritos das sombras podem engambelar os iniciantes, mas não os adestrados médiuns de bom caráter experientes no tempo pelo atrito no terreiro, pois já aprenderam a "auscultar" o magnetismo original dos Guias Espirituais.

A identificação da vibração dos Orixás e das correspondentes linhas vibratórias, são aspectos vibracionais diferentes e agem conjuntamente. É importantíssima e somente a vivência prática poderá oportunizá-la, aliada à compreensão pelo estudo. Como já dito, o entendimento de cada Orixá e das linhas vibratórias correspondentes a eles deve sucessivamente ser conhecido e dominado por todos no terreiro. Condições que facilitam a confiança e a passividade mediúnica para a "absorção" dos atributos dos Orixás e das entidades nos psiquismos dos médiuns.

Consideremos necessários anos de vivência prática num terreiro para que os participantes absorvam em si minimamente o conteúdo psicológico educativo da Umbanda.

Há que se esclarecer que os traços psíquicos associados aos Orixás não são rígidos nem se apresentam isolados uns dos outros. Obviamente, todo ser humano tem a influência do meio em que vive, e nunca é demais o comedimento, a observação arguta e a introspecção refletida entre as vivências no terreiro. O diálogo fraternal e franco com os dirigentes é fundamental para dirimirem-se dúvidas, auxiliando para melhor autoconhecimento e aprimoramento psicológico.

A maturidade mediúnica se alcançará com o tempo. Os conflitos que ocorrerem no caminho devem ser vistos com naturalidade. Os processos psíquicos internos fatalmente geram catarses. São impurezas psíquicas que emergem do subconsciente, limpando-se traumas, recalques, culpas, fortalecendo-se a estrutura psicológica na atual personalidade. Não raras vezes, descompassos espirituais acontecerão, por conta de nossa imaturidade emocional.

Inevitavelmente existem desafetos nossos do passado habitando o mundo dos espíritos, inimigos desencarnados se apresentarão e muitos serão os obstáculos a serem vencidos.

O modo de ser e de pensar dos espíritos mentores que se vinculam aos médiuns estará presente nesse processo de aprendizado e absorção de atributos psicológicos no terreiro. Entendamos que nossos Guias são consciências mais preparadas e trazem grande bagagem de experiências de vidas passadas que vão, naturalmente, pouco a pouco nos repassando e nós vamos interiorizando.

Uma grande confusão de conceito, a nosso ver por ignorância, no sentido de puro desconhecimento, são as pessoas de fora da religião falarem que, na Umbanda, não existe reforma íntima. A estrutura da personalidade do médium vai se moldando pelas repetidas incorporações, que vão lhe modificando as predisposições mais íntimas no psiquismo de profundidade com o decorrer do tempo. A partir da centralidade dos transes no terreiro, o núcleo duro da pedagogia da Umbanda, que se expressa por meio dos aconselhamentos orais, frente a frente, médiuns e consulentes e médiuns e demais assistentes (membros da corrente) e destes para a sociedade mais ampla, a psicologia da Umbanda.

Não é raso como os olhares apressados dos preconceituosos o julgam, o método educativo da Umbanda. Os que não conseguem percebê-lo, muito menos vivenciá-lo, condição imprescindível para que tenha efeito, o avaliarão somente pelo intelecto. O trabalho de transformação na Umbanda é silencioso e vai se dando de maneira vagarosa e vivenciada frente a firme atuação dos guias espirituais.

A reforma íntima dos médiuns de terreiro vai muito além do "mero" estudo que amplia o arcabouço intelectual do ser, pois se consolida no contato fluídico com os guias que trabalham nas diversas linhas vibratórias, pedagogia vivencial que possibilita aos médiuns absorver e interiorizar os atributos e os princípios psicológicos de cada Orixá – arquétipo – que rege a linha de trabalho e, ao mesmo tempo, os ensinamentos desses espíritos amorosos.

Essa pedagogia vivencial, como o nome diz, se dá somente com a prática. Ao incorporarmos o *preto velho* no terreiro, vamos solidificando em nós o amor, a paciência, a humildade, enfim, aprendemos a escutar o outro. Por um efeito especular, se já temos essas características latentes em estado potencial de germinação, as aptidões são "encaixadas" em nosso psiquismo com facilidade e as qualidades dos guias fluem com mais força. Obviamente, as qualidades específicas da entidade enfeixada dentro da linha dos pretos velhos também nos influenciam decisivamente, e não poderia ser diferente, pois, em contrário, teríamos todos os espíritos de uma determinada linha iguais uns aos outros, o que seria uma aberração diante da diversidade da Criação.

Ao vivenciarmos o "transe" pelo *caboclo*, é nos ensinado a ter disciplina, a ter respeito à hierarquia, a valorizar a liberdade de expressão, conhecendo nosso próprio poder de realização pessoal. O arquétipo dos caboclos educa os espíritos em evolução e os orienta naquilo que somos capazes, que devemos ter força suficiente, como se fôssemos flecha certeira, para suportar as vicissitudes e os desafios da vida. Com a altivez dos caboclos, aprendemos a temperança e a agir resignadamente nos ataques dos "inimigos" que sofremos. Intimamente ficamos impregnados da capacidade de nos relacionarmos com os fatores adversos da vida, em harmonia e sem desesperança.

A manifestação das *crianças* nos ensina a resgatarmos a "pureza", a não desconfiarmos do outro, a nos entregarmos alegremente e com suavidade em nossos relacionamentos. Também descomprime nossas culpas e "peso" na existência, deixando-nos leves e felizes. Jesus disse: "Deixai vir a mim as crianças, não as impeçais, pois, o Reino dos céus pertence aos que se tornam semelhantes a elas". Se considerarmos que o "céu" é um estado íntimo, psíquico, de bem-aventurança e encontro com a divindade interna, concluímos que ao alcançarmos a consciência de "ser criança" estaremos encontrando Deus em nós.

Nos trabalhos iniciais de incorporação com *exu*, nosso lado sombra vai se iluminando e, inevitavelmente, a ganância, a vaidade, a soberba, a ira, o ciúme, os medos indizíveis, o orgulho, a inveja, o egoísmo, aspectos negativos da estrutura psicológica, virão à tona para a periferia do psiquismo consciente, exigindo-nos que trabalhemos neles, transmutando-os positivamente. Ocorre que exu, como nenhuma outra vibração, tem a capacidade de espelhar o que está "oculto" no íntimo de cada um de nós, descortinando o interior ainda velado muitas vezes ao próprio indivíduo. Por isso é muito importante o médium "treinar" dentro do terreiro nas sessões de desenvolvimento, dando passividade e manifestando exu desde o início, até firmar bem o guardião, o que se concretizará com o autoconhecimento honesto, sem medo, aprofundando a análise de si mesmo e de todas as negatividades, sem culpa ou cobranças de perfeição ilusória. As aparências externas não enganam exu e, se o médium não desbastar em si seus atavismos, vícios e negatividades de caráter, não suportará os trabalhos mediúnicos e inevitavelmente sofrerá influência de espíritos obsessores, denominados "quiumbas".

Apresentamos um breve recorte da pedagogia da Umbanda que nos conduz à maturidade emocional e mediúnica, auxiliando-nos em amplo espectro de ação intima, notadamente no melhoramento de nosso caráter. Pensemos que desde os idos da Umbanda, dentro da diversidade vivenciada nos terreiros, muitas linhas de trabalhos foram criadas e aceitas pelo Alto como um processo saudável de inclusão espiritual. Cada uma traz ensinamentos e atributos internalizados pelos médiuns ao vivenciá-las: ciganos, boiadeiros, marinheiros, baianos, cangaceiros; todos irmanados em um único propósito: servir ao próximo, ensinar aos que sabem menos e aprender com os que sabem mais, todos de mãos dadas rumo ao Criador.

Somente com a prática continuada dentro dos terreiros, vivenciando os rituais disciplinadores para a indução aos estados alterados de consciência – ou transe lúcido –, utilizando adequadamente os elementos ou catalisadores energéticos necessários à "fixação" das vibrações dos Orixás e dos Falangeiros, usados nas liturgias e que não alterem os fundamentos da Umbanda, o médium se fortalecerá no processo pedagógico profundo de psicologia vivenciada, alcançando maturidade emocional e estabilidade mediúnica.

# Por que os Orixás não incorporam?

Somos filhos das estrelas, comprova a astrofísica. A nebulosa que criou nossa galáxia, o sistema solar e o planeta Terra, foi originada da explosão de uma estrela gigante. A fissão nuclear que houve criou condições para a fusão dos átomos primordiais de hidrogênio, formando as moléculas de carbono no processo de condensação desta "nuvem" de poeira estelar. Estava estabelecido o ambiente físico e químico para a formação dos mundos e das futuras vidas que os habitariam. Assim se criaram os primeiros elementos atômicos indispensáveis a formação de toda a matéria como nós conhecemos, inclusive fundamentais para o surgimento do reino vegetal e animal. Ou seja, todos nós terrícolas somos cidadãos estelares.

Não por mera coincidência, a ciência comprova os mitos. As lendas que explicam a gênese divina em conformidade a cosmovisão africana (iorubá), dizem-nos que a vacuidade – o nada – existia e que Deus "entediado" por não ter nada a fazer, resolve criar os Orixás, os mundos e os homens. Exu foi o primeiro Orixá criado, o Grande Mensageiro Divino. Oxalá que sempre existira "dentro" de Deus, cria todos os demais Orixás servindo-se do meio de ligação com as futuras formas a serem criadas do fluído cósmico universal. Também Exu é a primeira estrela criada, deixando o imponderável e rarefeito "nada" de existir a partir desta luminosa incandescente. Exu é a massa primeva que fermentou a gênese divina. Oxalá, a partir do mensageiro cósmico, Exu, imprime sua volição à indiferenciada massa primeva fluídica, tornando-a afim a certos atributos e poderes divinos de realização, a diferenciando em relação a si mesmo. Estava criado os demais Orixás. Exu é o primogênito da Criação, nascido diretamente do Hálito Divino.

Após estas considerações preliminares, perguntamos se é um acaso a ciência comprovar que todos nós somos originários da nebulosa inicial que criou nossa galáxia, sóis e planetas? O mito explica o aspecto metafísico da criação, a ciência ratifica o mito e os ritos recriam a mitologia. Relembrar a criação é resgatar a essência sagrada que habita dentro de nós.

Então, todos nós somos criados de uma massa primeva, uma "substância" imponderável, quintessência geradora de todas as formas inanimadas e vivas que conhecemos no universo materializado. Cada um de nós "carrega" dentro de si um pedacinho "imanifesto" e sutil, uma partícula da massa cósmica geradora da vida. Este núcleo é a centelha, mônada ou chispa espiritual, como se fosse faísca da primeira estrela criada.

A cada encarnação este núcleo intrínseco ao espírito é "acondicionado" em um envoltório feito da massa primordial dos Orixás cósmicos, assim como uma casa recebe nova pintura a casa ano novo. Estes Orixás ligam-se vibratoriamente ao Ori, nossa morada interior, complexo energético que contém nossa cabeça e permite a expressão da consciência e a comunicação com o inconsciente por meio do trânsito regular de insights e disposições psíquicas inatas.

Não devemos confundir Ori com a cabeça física, mas entender que a mesma está contida nele, como se Ori fosse um duplo que habita a quarta dimensão e o crânio com o cérebro físico se encontra na terceira dimensão, a primeira é sobrenatural e a segunda natural. A caixa craniana é somente a parte orgânica, fisiológica, ao contrário do duplo, metafísico e resiste à morte física e continua a existir entre uma encarnação e outra, assim nossa consciência é permanentemente viva.

No duplo ou contraparte etérea de frente da cabeça, temos o Orixá de frente, ligado ao futuro e ao propósito de vida humano. Na nuca está alojado o Orixá adjunto, que se relaciona com nosso passado. Ambos "moram" nas profundezas do inconsciente. O primeiro se relaciona às experiências que teremos que vivenciar durante a breve existência humana. Auxilia-nos a superarmos as pedras do caminho da libertação pelo espírito do ciclo de reencarnações sucessivas. São os "resíduos" psíquicos do ego que nos aprisionam no mundo das ilusões.

Ego, a partir da interpretação filosófica, significa o "eu de cada um", ou seja, o que caracteriza a personalidade de cada indivíduo. O ego é considerado o "defensor da personalidade", pois é responsável por impedir que os conteúdos inconscientes passem para o campo da consciência, acionando assim os mecanismos de defesa.

O Orixá de frente relaciona-se diretamente ao que teremos que superar em nós para vencermos a grande demanda contra o Ego, nosso incansável inimigo. O segundo apoia dando-nos força, reavivando aptidões e impulsos positivos que residem nas profundezas do passado, experiências "adormecidas" no inconsciente que despertam e ajudam na superação íntima para a vitória sobre o Ego.

Aprofundaremos este tema no próximo capítulo, "A manifestação do Orixá anula o Ego".

Fizemos estas digressões resumidas desde a criação, um recorte entre a ciência e a mitologia, para demonstrarmos a impossibilidade absoluta de se incorporar um Orixá, incorporação como entendida aos moldes consagrados na Umbanda e no espiritismo.

A mediunidade contempla a comunicação com uma consciência (entidade) individualizada, existente a partir da quarta dimensão – Plano Astral. Logo, podem existir espíritos que se fazem entender "incorporados" em seus médiuns dizendo-se "orixás". Estão enfeixados na vibração do Orixá. Infelizmente, acontece em vários terreiros, que carecem de maior senso de observação, estudo e pesquisa dos processos psíquicos e anímicos mais profundos que afloram nos processos de transe, aceitarem as entidades se dizendo "orixá" como o sendo, consagrando uma falsa "verdade" ao incipiente senso comum, ou o que é mais preocupante, o ego do médium se aproveita disto e estimula a exaltação dele mesmo para ser tratado como uma divindade, advindo o extravasamento de recalques e todo o tipo de abusos espirituais dos devotos.

Não queremos criticar ninguém, não temos este direito. Todavia, diante dos enormes absurdos que certos "orixás" incorporados fazem, resta-nos o dever de chamar a atenção para o que não é plausível diante de uma ética, que toda a religião que objetiva a expansão da espiritualidade do ser humano deveria ter. Entendamos que existem métodos ritualísticos diferentes por dentro das religiões afro-brasileiras, que objetivam "despertar" o Orixá adormecido no inconsciente do indivíduo baseados em uma ética e tradição consagradas numa linhagem iniciática ancestral, aos quais respeitamos incondicionalmente. Pelo lado que nos compete, afirmamos que preponderantemente na(s) Umbanda(s), somente os espíritos incorporam, estão diferenciados dos Orixás, pois são conceitualmente aceitos como guias, falangeiros, mentores ou enviados.

Na atualidade umbandista, cada vez mais se aceita o fato que ocorrem manifestações espontâneas dos Orixás em nossos rituais. São fenômenos naturais; estas partículas divinas "residentes" no inconsciente profundo emergem a superfície da consciência ampliada e se expressam de dentro para fora durante os estados de transe, por vezes simultaneamente ao envolvimento mediúnico da entidade, outras vezes isoladas de qualquer influência de espíritos externos, a não ser o próprio espírito do médium.

Importa deixar novamente registrado, que Orixá é potencialidade divina que "dorme" em todos nós, nas profundezas oceânicas do inconsciente. Quando se manifesta, rompe as barreiras do Ego e somos guindados a uma unificação com nosso "Deus Interno", a essência e o núcleo central de nosso espírito, fagulha da chama criadora, do próprio Deus.

# A manifestação do Orixá anula o Ego

Todos nós ao nascermos, trazemos conosco o Eu Real, Mente Profunda ou Ori, no esoterismo oriental traduzido por Chispa Divina ou Mônada. São "sinônimos" que se aproximam da definição de nossa Essência Primordial, o núcleo intrínseco do espírito. Ao crescermos não deixamos de estar visceralmente ligados a esta vibração original perene, imaculada, potencialmente divina e que nunca adoece, assim como a chama que ilumina o lampião não se suja com a fuligem. Esta força energética vai influenciando gradativamente a formação da personalidade, por meio de impulsos e aptidões inatas ao ser que afloram num modo psicológico, peculiar e incomparável, como a chave secreta de um baú que guarda um tesouro valioso e imperecível.

Em todos nós, estrutura-se uma camada protetora da personalidade que ditará os processos mentais que dominarão os pensamentos do indivíduo. Força instintiva, indomável, intensa e persistente, objetiva uma falsa defesa, e é conhecida como Ego. A ilusão que o Ego nos enreda, faz a consciência se identificar com a ilusória personalidade e com a satisfação dos mimos emocionais. Assim como olhamos para a abóbada celeste em um dia nublado e não enxergamos o Sol, o Ego cria uma névoa espessa que impede a percepção consciente do Eu Real. Trata-se de uma camada de pensamentos contínuos que formam a "mente ordinária", o padrão de pensamentos que nos ocupa em estado de vigília, tal qual um rio de lama impossível de ser atravessado a nado.

O condicionamento que o Ego estabelece em nosso modo de pensar é alimentado pelos apegos e gostos, aversões e desgostos, como um gatilho mental que dispara automaticamente sempre que interagimos com os outros. Podemos dizer que esta é a "mecânica operacional" que o Ego aciona em incansável defesa da personalidade ilusória: bloqueia o acesso aos conteúdos do inconsciente, impedindo-os que se expressem com limpidez para a consciência, notadamente no que se relaciona à execução do propósito de vida para o qual renascemos num corpo físico transitório, indispensável ao melhoramento de caráter.

O acesso ao Eu Real – Ori – "bloqueado" pela robusta ação do Ego manifesta-se no indivíduo nas mais diversas psicopatias, hábitos viciosos, condicionamentos egóicos, emoções negativas cristalizadas, recalques disfarçados, escapes e máscaras do Ego que fazem o sujeito desconectado de sua verdadeira essência. Os padrões de sucesso e desempenho exigidos pela sociedade moderna potencializam este afastamento, gerando graves resíduos psíquicos que podem a qualquer momento desequilibrar o indivíduo, advindo os sofrimentos e dificuldades em amplo espectro de ação, desestruturando a homeostase e a higidez orgânica, fator central da geração das mais diversas enfermidades.

Para "quebrar" a barreira do Ego que impede o acesso ao inconsciente profundo – Ori –, nós, seres espirituais provisoriamente ocupando um corpo físico, somos influenciados pela ação contínua e persistente dos "donos da cabeça" – os Orixás. Isso significa que nossa constituição psíquica é "cuidada" por um ou mais Orixás, que por sua vez alicerçam nosso equilíbrio psicobiosocial. Assim, nossa personagem nesta existência (personalidade) começa a ser definida desde antes de renascermos e terá predominância na formação do arquétipo que nos identificará com o Eu real, como espelho que reflete a luz do Sol, iluminará nossos caminhos para vencermos a nós mesmos e superarmos nossas limitações criadas pela ilusória barreira da persona, protegida ferrenhamente pelo Ego.

A cada renascimento num corpo físico, nosso Ori – Eu Real – é "envolto" numa espécie de massa primordial, que tem haver com os Orixás que formarão nosso Eledá, os quais precisaremos solidificar em nós, por meio das experiências que viveremos na vida carnal. Esse processo de "robustecimento" dos Orixás em nós, mesclando-se com nosso modo de ser e pensar, sentir e se emocionar, é como o nascimento de um broto que foi plantado dentro de nós, assim como a semente ainda não é o pé de carvalho, mas hibernada nela está a frondosa árvore plasmada. Cabe-nos o esforço de regarmos o solo que pisamos na curta existência humana.

A regência dessas energias condensadas dos Orixás Cósmicos, que por sua vez contém nosso Ori, denominamos Orixás pessoais, "chefes, pais ou mães de cabeça", são notadamente conhecidos pelo nome esotérico Eledá. Pensemos que como a água numa bacia reflete nossa face, a maneira como nosso organismo psicobiosocial reagirá às diversas situações que enfrentaremos durante a encarnação, será reflexo dos arquétipos dos Orixás que se ligarão à personalidade em formação, do nascimento à morte. Persiste do lado de lá, quando estivermos novamente fora destes corpos físicos perecíveis, a consciência que conseguirmos construir sintonizada com o Eu Real, imperecível, imortal e divino.

Fizemos estas considerações até aqui para falarmos o que mais nos importa dentro da abordagem que estamos construindo nesta obra – nos transes rituais nos reconectamos à nossa essência sagrada, o Eu Sou ou "Deus Interno", como vaticinou disse Jesus: "vós sois deuses".

A "fisiologia" do transe ritual nos faz unidade com o Eu Real. O Orixá "adormecido" no entorno de nosso Ori "acorda" e se manifesta de dentro para fora, do inconsciente profundo para a consciência alterada em estado superior de percepção de si. Rompe-se momentaneamente a barreira de sólidos resíduos psíquicos criados pelo Ego, senhor poderoso e ordenador de nossos padrões de pensamentos ordinários. A personalidade "morre" e o Orixá "nasce", fazemo-nos unidade com o Criador.

A cada transe, tijolos são cimentados na ponte que nos conduzirá a lenta construção da identidade cósmica. O acesso aos conteúdos armazenados no inconsciente é lento, perpassa renascimentos sucessivos no mundo terreno, até que tenhamos a chave que abrirá os poderes de realização dos Orixás em nós, a liberação definitiva das ilusões do Ego que nos colocará em plenitude com o Real Ser Espiritual e Mental.

O que estamos afirmando é que a manifestação do Orixá durante os transes "anula" momentaneamente o Ego. Paulatinamente, conforme formos solidificando em nosso modo de ser, os atributos de nosso Eledá (orixás de frente e adjunto...) o Eu Real vai se fortalecendo e cada vez mais é "aberta" uma estrada de acesso ao nosso inconsciente, que paulatinamente vai se fazendo um estado perene de consciência, por meio de insights intuitivos, aptidões e talentos que se integram à personalidade que se expressa em estado de vigília, presente em nosso jeito peculiar de pensar e agir no dia a dia.

Os transes vividos nos terreiros escoimam, como fiel esmeril, a pedra bruta do Ego. Lapidam a personalidade ordinária por meio de um recondicionamento da "mente periférica" e, consequentemente, do padrão ordinário de criar pensamentos reativos, fazendo-nos ativos mestres de nós mesmos.

Obviamente o assunto não se esgota aqui, pois instiga maiores estudos e pesquisas experimentais no campo do psiquismo humano. Vai além da individuação, auxiliando na libertação das ilusões do ego, na ampliação da claridade interior e encontro com a Essência real do ser, livre de máscaras e condicionamentos egóicos.

Podemos concluir então que pelos símbolos contidos no arquétipo de cada Orixá manifestado em nós e por nós (de dentro para fora) é possível acessar conteúdos "esquecidos" (inconsciente) que podem ganhar cor e vida por meio dessa manifestação e assim ser um caminho para o processo de individuação de uma pessoa. Sendo a individuação um caminho em que há o reconhecimento de nossas partes psíquicas ocultas no inconsciente e a integração com as mesmas, o contato com o sagrado existente em nós (Orixás) pode ser considerado um impulsionador da espiritualidade e liberador do ciclo de renascimentos sucessivos na Terra.

Tudo o que descrevemos até aqui acontece espontaneamente, irrompe de nossa natureza psíquica imortal, por dentro dos terreiros de Umbanda deste imenso Brasil. Só não vê e não ouve quem não quer. Os piores cegos e surdos são os que se recusam a enxergar e a ouvirem, pois estão preenchidos de intolerância e sentem-se donos da verdade.

# Os regentes
# dos elementos planetários

O Cosmo não teria sentido se Deus vivesse "só" no infinito. Os elementos constitutivos do universo, por vezes inóspitos aos humanos, são gregários (atraem-se) e tem por objetivo superior gerarem a vida. A mente cósmica está em constante renovação e incessante criação de novos espíritos. Caminham inexoravelmente à individualização, assim como a areia da praia é formada por incontáveis grãos. A essência divina que preenche tudo o que existe é fundamentalmente "socializante"; se relaciona, dialoga, interage e é puro amor.

Os poderes de realização dos Orixás são forças interagindo constantemente com a natureza, são inerentes, assim como os dedos fazem parte das mãos.

Os Orixás se "manifestam" o tempo todo em nossas vidas. Eles são os regentes dos elementos planetários; ar, terra, fogo e água. Atuaram decisivamente na gênese e formação planetária. Foi pela vontade dos Orixás, o "desejo" de Deus, que os engenheiros siderais executaram a obra de criação divina, por sua vez já existia projetada na Mente Universal.

Após os mares, as florestas, os ventos, as chuvas, as tempestades e os solos estarem "acabados" e a Terra com vales férteis verdejantes repletos de animais, encarnaram os primeiros egos humanos.

A condição propiciatória da vida no orbe mantém-se pelo influxo do poder de realização dos Orixás sobre os elementos que lhes são constitutivos, ao mesmo poder que organizou o caos inicial da criação, também sob o impulso de Exu, o grande pedreiro da criação divina, que forneceu o cimento – massa primeva – para os regentes dos elementos fazerem a construção.

Exu, enquanto Orixá partícipe da gênese divina desde os primórdios da primeira forma criada em nossa esfera vibratória – plano concreto ou material –, atua em todos os quatro elementos planetários. No movimento de rotação planetária, no calor do Sol, na queda do sereno na madrugada, nas marolas e ondas marítimas, dos deslocamentos eólicos polares frios até a profunda liquidez em altas temperaturas do centro do planeta, temos a ação contínua de Exu, o mensageiro e grande organizador do caos inicial de todos os elementos.

A partir da volição de Exu sobre o ar, terra, fogo e água, imposição condensadora dos elementos na forma que entendemos como forças da natureza, os Orixás atuaram e atuam na construção e manutenção da vida, ao menos enquanto os "homens" permitirem. Ocorre que a destruição da natureza significará a falência da ação dos Orixás em nossas vidas e a desorganização da condição propiciatória às vidas vegetal, animal e hominal, reinstalando-se o "caos" inicial e a força instintiva primária dos elementos, que "destruirão" toda a obra da criação planetária. O gradativo aumento de terremotos, comoções climáticas e geológicas é consequência da resposta "instintiva" destes elementos, que buscam a reorganização frente a desordem destrutiva que os homens estão causando.

Cada um dos quatro elementos tem ligação com os Orixás que lhes correspondem, a saber:

- Ar ou força de realização eólica: Oxalá e Iansã;
- Terra ou força de realização telúrica: Oxossi, Omulu/Obaluaê e Nanã;
- Fogo ou força de realização ígnea: Ogum e Xangô;
- Água ou força de realização hídrica: Iemanjá, Oxum e Obá.

Observemos que todos os Orixás se relacionam um com os outros o tempo todo. Saibamos que todos e qualquer Orixá ou elementos regidos por suas forças impulsionadoras, completa-se com os demais, nunca agindo sozinhos, formando adjuntos para um mesmo objetivo, capaz de direta ou indiretamente de se influenciarem reciprocamente. Assim, se uma água fria esquenta, um vento quente esfria, a água rega a terra ou o fogo a abrasa, há o entrecruzamento destas forças de realização esforçando para a manutenção do equilíbrio microcósmico e macrocósmico. Obviamente, no éter – duplo etérico – de tudo que existe são mais intensas estas forças e consequentemente tem imenso impacto na esfera vibratória do Plano Astral mais próxima à humanidade, que reconhecemos como Umbral – nesta dimensão a força dos elementos se multiplica por dez no mínimo. Nossa condição mental interfere negativamente nos elementos etéricos e cria o que Dante definiu como inferno.

Temos que usar de muito bom senso quando evocamos as forças regentes dos elementos planetários. A água sacia a sede ou pode afogar, o fogo aquece-nos do frio ou tosta-nos numa fogueira, a terra nos fornece o alimento ou nos ataca em tempestade de areia. Uma pedra constrói fortalezas ou se jogada ataca inimigos. A intenção mental que imprimimos em nossos ritos com os Orixás ancora-se num tênue eixo de equilíbrio ou desequilíbrio frente às Leis Cósmicas. Infelizmente certos seres humanos transferem sua falta de caráter para a religião, lidam danosamente com os elementos e criam para si sérias consequências. A sincronicidade e ressonância que os Orixás respondem são criações da Mente Universal – Deus. Exu, o grande organizados do caos inicial, inexoravelmente reorganizará o que estamos desorganizando. Voltemos para o foco de nosso capítulo – Orixás, os regentes dos quatro elementos.

Então, assim como o calor do Sol esquenta nossas cabeças, o gelo esfria nossas mãos, o vento balança nossos cabelos e a terra alimenta-nos, cada elemento estrutura a composição energética humana, tendo correspondências vibratórias com certos órgãos e na manutenção do equilíbrio, da saúde, da homeostase e higidez dos corpos físicos.

Nossos pensamentos equivocados quebram o fluxo de axé (fluído vital ou prana) relacionado aos quatro elementos planetários, obstrui o chacra coronário e deixa de redistribuí-lo para os demais chacras e plexos nervosos. A partir disso, instalam-se as somatizações e nos tornamos alvos das mais diversas moléstias.

Claro está que não conseguiremos "esgotar" o tema num capítulo, que requer maiores pesquisas experimentais no mediunismo de terreiro, anotações sistematizada de observações e a elaboração de uma futura obra completa.

Nossa ideia é correlacionar minimamente algumas características da regência dos principais Orixás cultuados na(s) Umbanda(s) por elemento, contribuindo para o estudo inicial de todos os devotos, adeptos e médiuns. No próximo capítulo, continuaremos analisando como as vibrações dos Orixás por elemento influenciam e impactam em reações do corpo físico em transe, sensações e comportamentos gestuais, descrições estas baseadas na prática do terreiro.

A seguir, observe que entre parênteses aparece um segundo e até terceiro elemento relacionado ao Orixá. Isto se deve em função dos atributos dos elementos se completarem; frio e quente, denso e sólido, rápido e lento.

## Orixás do elemento Ar com regência sobre a força de realização eólica: Oxalá e Iansã

## Oxalá (água)

É o Orixá detentor da regência sobre a atmosfera. No sentido esotérico profundo, é o responsável pela aura planetária. Representa o poder criador masculino, o pai de todos. Foi Oxalá que estabeleceu na "morte" o grande nivelador universal, igualando a todos que fazem parte do ciclo da vida humana terrena. Até que desenvolvamos o amor fraterno, sem egoísmo, reencarnaremos com prazo de validade, com o tempo de nascer e morrer cronometrado no relógio cósmico do mundo de ilusão, para que despertemos para a realidade do espírito imortal.

Todas as representações simbólicas deste Orixá incluem a cor branca. Significa todas as possibilidades que remete ao elemento base primordial da criação da vida, a "massa" primeva de ar e água, a protoforma que foi a substância fundamental para a "fabricação" das criaturas no planeta. Oxalá é o rei do pano branco, pois esta cor contém todas as demais cores e de sua força dependem todos os seres que habitam a psicosfera terrena, encarnados e desencarnados. Mostra-nos a brancura do indeterminado, logo todos os começos e possibilidades de criação. Afinal, não por acaso a mitologia contempla Oxalá com o epíteto de Oleiro Divino.

Os enredos narrados nos mitos da criação iorubá, relatam que foi Oxalá o primeiro Orixá encarregado por Oludumaré (Deus), para criar não só o universo, mas todos os seres vivos sencientes que existiram nos mundos. Assim Oxalá é o Pai da Humanidade, partícipe da gênese divina e síntese do poder genitor masculino.

Não por acaso o esperma é branco e esta é a cor representativa deste Orixá no microcosmo humano. No macrocosmo, nos primórdios da origem dos mundos manifestados na forma, pairava uma massa plástica (moldável pela vontade divina) etéreo-astral "esbranquiçada". A partir da "manipulação" junto aos primeiros elementos eólicos formados e condensados desta massa primordial rarefeita, o poder volitivo deste Orixá estabeleceu condições propiciatórias básicas ao futuro surgimento da vida humana – assim Ele criou o ar e depois a água no planeta.

## Iansã (fogo)

Orixá regente dos ares em movimento, a Senhora dos Ventos, Raios e Tempestades. O tempo quando fecha e se "arma" para chover simboliza a força de Iansã, guerreira, intensa e dinâmica por vocação.

Integram ainda os atributos volitivos de Iansã, o lado oculto das tempestades, que fazem grandes assepsias energéticas no plano hiperfísico – sobrenatural – da psicosfera terrena.

Produzimos ininterruptamente formas pensamentos deletérias, emanações naturais da baixa condição moral e primarismo instintivo sensório ainda vigente nos cidadãos. Estas vibrações se "acumulam" formando gigantescos egrégoros, como se denominam as forças etéricas criadas a partir do somatório das vibrações mentais-e-emocionais, decorrentes da aproximação de duas ou mais pessoas. Entendamos egrégora ou egrégoro como sendo um campo vibracional extrafísico que está presente em todas as atividades humanas e paira sobre os centros urbanos. Com a ação das tempestades, ventanias e raios, deslocam-se estas energias que acabam desintegradas na dimensão etéreo-astral, repercutindo num ambiente físico higienizado, assim como fazemos faxina em uma casa suja.

A busca intensa da independência, do sustento próprio, a obstinação em vencer os desafios da vida, não fugir das lutas, remetem ao poder de realização de Iansã.

Vibração quente e rápida (ar + fogo), intensa, que nos faz mudar de posição em conceitos petrificados e opiniões definitivas, alterando hábitos e comportamentos. Sua força "limpa" nossa mente, removendo pensamentos "escuros", mórbidos, de medos, apreensões e recalques diversos. Tem a capacidade de mudar os pensamentos e assim alterar e reconstruir nossas sinapses neuronais, estabelecendo novos circuitos elétricos que nos libertam dos hábitos escravizantes, não sem antes causar uma "tempestade" mental – catarse – com explosão emocional. É como o entornar do balde, que encheu e não suporta mais nada dentro... Assim dá-nos dinamismo mental, criatividade e maior acuidade em percebermos a real intenção dos que nos cercam.

## Orixás do elemento Terra com regência sobre a força de realização telúrica: Oxossi, Omulu/Obaluaê e Nanã

## Oxossi (ar)

Este Orixá cumpre papel importante de civilizador da humanidade. A busca da sobrevivência, feita antigamente de forma arcaica, a caça e a coleta. Oxossi representa a procura incessante dos homens por aperfeiçoamento de métodos e processos que lhes possibilitem sobressair-se sobre os demais. No espaço coletivo da natureza. Obviamente que para ser-se um caçador como Oxossi, é indispensável a vitalidade, a força juvenil. O caçador não é mais o homem que se adapta passivamente às condições externas da vida. Ao contrário, ele aprende a conhecer a "selva", desvendando seus segredos, armadilhas e habitantes, para assenhorar-se dela, dominá-la e dela extrair seu provento e sobrevivência de sua "tribo". Oxossi é solitário, gosta de ar e liberdade, não suportando ambientes fechados e ficar trancado.

É o grande supridor, Orixá da fartura e da prosperidade. Representa a meta, o foco mental, a estratégia e a astúcia no cumprimento de objetivos que foram planejados. Inteligência e cautela, o pisar na terra sabendo onde se pisa, associados à fluidez na construção de pensamentos (ar) com forte e arguto senso de observação sobre o ambiente externo, fazem de Oxossi o rei dos caçadores, nunca erra o alvo, é sempre certeiro. O principal instrumento simbólico é o arco e a flecha. Raramente entra em combate direto.

É esguio e ágil, estrategista, atira a flecha a distância, em segurança e silêncio. Há que se considerar que o arco e a flecha são invenção da inteligência, do senso arguto de observação, uma vez que se opõe a força bruta do combate direto. Para se utilizar com habilidade o arco e a flecha, não basta ser forte, ter braço firme e uma exímia pontaria. É indispensável um estado psicológico sereno, de pleno domínio sobre si mesmo, equilibrado e com rara concentração mental. Podemos inferir que para termos foco e atingirmos nossos alvos – metas de vida – é indispensável força interior que uma mente saudável propicia.

## Omulu/Obaluaê (fogo)

Uma dúvida entre os irmãos Umbandistas é se Obaluaê e Omulú são o mesmo Orixá. Sim, falar em Obaluaê ou Omulú é falar no mesmo Orixá. Obaluayê – Yorùbá Ọbalúwàiye é uma flexão dos termos: Ọba (rei) – Olúwa (senhor) – Ayé (terra), ou seja, "Rei, senhor da Terra". São também comuns as variações gráficas Ọbalúwàiye, Obaluaê e Abaluaê. Omulu – Yorùbá Ọmọlú também é uma flexão dos termos: Ọmọ (filho) – Olúwa (senhor), que quer dizer "Filho do Senhor".

Em sua representação antropomorfa (humana) cobre-lhe o rosto um filá (vestimenta de palha-da-costa), pois não conseguimos olhar para o rosto sem que nos ceguem os olhos, dada a intensa luz que emite como se fosse um Sol em miniatura.

Obaluaê é o mais moço, é o guerreiro, caçador, lutador. Omulu o mais velho, é o sábio, o feiticeiro, guardião. Porém, ambos têm regências distintas sobre os elementos terra e fogo. Obaluaê é o Sol (fogo), a quentura do astro rei que abrasa a terra. Também se refere ao interior do planeta, onde o fogo faz a Terra magma incandescente, sustentador de toda a vida no orbe.

Pensemos que nas reentrâncias mais profundas de nosso Eu Real, a chispa divina habita incólume e saudável, perene e imortal; é nosso espírito imortal. Núcleo gerador de cura para os males quando nos reconectamos com esta essência sagrada. Ao contrário, o "afastamento" nos causa as mais diversas doenças. Logo Obaluaê relaciona-se com o funcionamento do organismo e rege a saúde. Entendamos saúde sob o prisma espiritual, metafísico. Temos um veículo perene de expressão, o corpo astral – perispírito. Os processos de moléstias físicas são depurativos deste envoltório mais sutil, que num efeito de repercussão vibratória, escoa as enfermidades para a contraparte orgânica, que de regra as trazemos de vidas passadas. Esquecemos que a cada vez que morremos e voltamos a nascer, é como se trocássemos um paletó. A vestimenta externa é o corpo físico, que mudamos a cada novo nascimento.

Omulu é a terra fria, simbolicamente a sete palmos da superfície, indicando a velhice e a morte como ciclos naturais equilibradores da existência humana. É o Senhor da Terra para onde todos nós voltaremos, daí sua ligação no Brasil com a morte, atributo que originalmente em África é atribuído a Ikú, outro Orixá do panteão.

Assim como a crosta planetária "transpira" do interior, este Orixá está presente em nossa pele, no suor, nas coceiras, dermatites e dermatoses. É o Orixá considerado o Grande Curador, o que leva as doenças embora. Está presente nos leitos hospitalares, nas casas de saúde, nos consultórios médicos e ambulatórios... Enfim, se encontra onde estão os enfermos.

## Nanã (água)

Orixá de origem simultânea à gênese mítica nagô – a água parada, quando o "saco da criação" foi trazido para o planeta, que já estava feito, no ponto de contato entre o elemento aquático e a terra, a lama e os pântanos, fundamentos de Nanã. Afinal, fomos criados por Oxalá pelo barro primordial, emprestado por Nanã e à terra nosso corpo físico retornará. A essência mente – espírito – se liberta e volta ao Orum – Plano Sobrenatural.

Nanã é Orixá primevo, que participa diretamente da "fabricação" cósmica dos espíritos. Quando nossa essência sagrada chispa divina, foi criada, ela veio gradativamente sob um influxo (impulso) incontrolável que a fez rebaixar-se até os planos das formas, notadamente ao mundo astral. Daí a necessidade de formação do corpo astral, veículo adequado à manifestação da consciência – Ori nesta dimensão vibratória, que consequentemente é o molde que modela nossos corpos físicos.

A porção de matéria primordial astralina que se aglutina no entorno do corpo astral, "penetrando" nosso períspirito e dando forma orgânica aos atuais corpos humanos é o "barro" que Nanã emprestou para Oxalá, o Oleiro Divino, modelar-nos. Esse quantum de energia condensada retornará à mãe terra, domínio vibracional de Nanã, após a morte física. A "massa" fornecida no começo da nova vida humana retorna à sua origem quando finda nosso tempo terreno.

Nanã é o "ventre" mãe de todas as gerações, pois ela forneceu o barro primevo para Oxalá "fabricar" os corpos humanos. O processo de travessia da dimensão material para o plano espiritual, a viagem final que nos levará a aportar do lado de lá, como se atravessássemos um rio de lado a lado, é regida por este Orixá. Somente o desencarnado "desocupa" a crosta terrena, deixando de estar morto igual andarilho entre vivos encarnados, quando o portal de Nanã, que dá passagem à nova morada, for aberto.

É a mais antiga das "divindades" das águas, das fontes hídricas subterrâneas que fertilizam a terra, representando a memória ancestral da criação divina. Nanã é o princípio, o meio e o fim da existência terrena humana; o nascimento, a vida e a morte. É o começo, o barro e o solo fértil gerador de alimentos; é o meio, o organismo saudável que propicia a realização dos destinos humanos no plano concreto; é o fim do ciclo, o cadáver em putrefação que vira húmus que alimenta a terra e a renova para o reinicio de outro ciclo de renascimento, seja aqui, seja do lado de lá.

A morte faz parte da natureza, da impermanência cósmica que permeia todas as formas criadas, condição para todos os reinícios, em que o fim e o recomeço se tocam, até que acordemos para a verdadeira realidade do espírito imortal.

## Orixás do elemento Fogo com regência sobre a força de realização ígnea: Ogum e Xangô

### Ogum (terra)

Na cosmovisão de origem é considerado o "deus" do ferro, da metalurgia e da tecnologia, bem como ao que se relaciona à terra, afinal o ferro dela é extraído.

Ogum domina o fogo e a forja, transformando o minério bruto em instrumento útil para o manejo e progresso dos homens. Manejar a forja quente simboliza ser mestre da vontade, não ser conduzido pelo desejo sem razão. A vida pujante em sua plenitude, a vontade equilibrada direcionada para realizar e obter conquistas que permitam a liberdade emocional. É o Senhor dos caminhos agindo, abrindo nosso senso de percepção interno para conseguirmos vencer nossas fraquezas e mazelas psíquicas que nos embrutecem como o ferro. Todavia, nossas aptidões inatas e adquiridas, são forjadas na quentura da vida e por vezes é inevitável que tenhamos conflitos e demandas. O poder de vontade de Ogum não pode nos faltar.

É o Orixá que vence as demandas, que abre os caminhos e vem na frente para nos defender de todo mal. Orixá ligado à vontade, à atitude, perseverança, persistência, tenacidade. É a vibração que nos impulsiona a sobrevivência e não atua apenas nas situações de conquista e vitória em nossas lutas diárias. Sem reino vibratório específico, mas que atua na defesa de toda a natureza. Assim como veio na frente de Oxalá para completar a criação, assim o poder de realização de Ogum está em todos os lugares.

Na Umbanda não usamos regularmente o termo qualidade de Orixá, mas comumente conceituamos como desdobramento para caracterizar a fusão de dois ou mais Orixás num determinado momento de manifestação das forças da natureza, sem que se perca o vínculo com o Orixá que primeiro originou esse desdobramento ou cruzamento vibratório. São reinterpretações comuns no meio umbandista que não nos faz perder o empoderamento com os atributos originais dos Orixás – muito pelo contrário, os fortalecem.

Então, temos os principais desdobramentos de Ogum, ou seja, o poder de realização pela vontade, que impulsiona à luta, à conquista e vitória, vibrando ou cruzando em harmonia com os demais Orixás:

- **Ogum Megê:** trabalha em harmonia com Omulu, em todo trabalho que envolva a energia da terra e combate à baixa magia. Está presente nos assuntos atinentes a desmanche de magia;

- **Ogum Rompe Mato:** entrecruzamento com Oxossi, presente nos assuntos pertinentes às resoluções rápidas, que exigem foco na busca de concretização de nossas metas;

- **Ogum Beira-mar:** atua na orla marítima em harmonia com Iemanjá, presente nos assuntos atinentes a conquista material e demandas astrais que devem ser escoadas com o elemento água salgada;

- **Ogum Iara:** cruzamento na cachoeira em harmonia com Oxum. Este desdobramento de Ogum está presente nos assuntos atinentes às conquistas que exigem harmonia de relacionamentos e diplomacia no trato interpessoal;

- **Ogum de Lei:** este desdobramento de Ogum com Xangô está presente nos assuntos pertinentes à justiça divina e à execução das demandas judiciais.

Teríamos ainda mais desdobramentos, como Ogum Naruê, Ogum Matinata, entre outros, mas descrever todos fugiria à finalidade da obra.

## Xangô (terra e ar)

Etimologicamente, Xangô é uma palavra de origem iorubá, em que o sufixo "Xa" significa "senhor"; "angô" (AG + NO = "fogo oculto") e "Gô", pode ser traduzido para "raio" ou "alma". Assim sendo, "Xangô" significaria "senhor do fogo oculto".

É o Orixá que domina o mais intenso e poderoso de todos os elementos da natureza – o fogo. O poder de realização de Xangô é simbolizado magistralmente no raio que corta o céu, cai e marca a terra; a transforma, ilumina os caminhos, faz-nos procurar proteção. Significa as percepções profundas que vem do inconsciente, alertando-nos de possíveis equívocos não percebidos – sem discernirmos –, atos injustos que estamos cometendo.

É Orixá da "quentura", força impulsionadora do dinamismo que a vida exige, para que tenhamos realizações em conformidade ao nosso propósito existencial. Não por acaso, a maioria dos compêndios espiritualistas mencionam o espírito como uma "chispa", uma fagulha, que faria parte de uma labareda ou fogueira maior, o próprio Deus.

Não temos como fugir da "luta", das "batalhas" e "guerras" para a sobrevivência humana. Até os dias atuais continuamos nos esforçando para conquistar terras alheias, como reis despóticos, esquecendo-nos de conquistarmos a nós mesmos. Claro está que existe competição na sociedade moderna e que se não soubermos nos defender seremos humilhados com possibilidade de sermos "sacrificados" sem nenhuma piedade, tal a violência e insegurança que vivemos.

Jesus disse: *"Eu vim para trazer fogo sobre a terra e como gostaria que já estivesse em chamas. Tenho, porém, que passar por um batismo e muito me angustia até que se consuma".*

Fogo sobre terra representa os desafios do espírito reencarnado. Nossa programação de vida contempla muitos desafios e é como se fôssemos colocados em "chamas". Muitas são as barreiras, reencontros, armadilhas e fracassos numa breve vida humana. Todavia, mesmo que fiquemos angustiados, e mesmo o divino mestre se angustiou frente à sua hercúlea missão terrena, o poder transmutador do fogo – nosso espírito – faz-nos "arder", tal ainda o primarismo consciencial e recorrência de atitudes equivocadas frente ao cumprimento de nossos propósitos de vida.

A Lei Divina é maioral. Impõe ações retificativas nos egos aprisionados no ciclo humano de renascimentos sucessivos – não confundamos com punição. Ocorre que recebemos liberdade para escolhermos (semeadura), todavia seremos os responsáveis por nossos atos (colheita). Assim, como o magma quente abrasa a terra quando emerge das profundezas, o calor das vicissitudes do homem esquenta a fria indiferença aos outros, escoimando seu egoísmo.

O Eu Real, conspira sempre a nosso favor; diante os conflitos da vida, pontualmente do inconsciente são liberados recalques, medos e traumas fossilizados, que dão calor à vida, provocam catarses e nos empurram ao melhoramento íntimo e aprimoramento do caráter.

O entendimento do encadeamento de nossas ações e reações, que estabelecem uma relação de causa e consequência no sentido de ascensão espiritual – equilíbrio cármico – é indispensável para que iniciemos o processo de liberação da Terra para adquirimos o direito de renascermos em planos superiores. É preciso queimar velhas manias, defeitos, atavismos e imperfeições filhas do ego, para que possamos vencer a nós mesmos. Estamos na existência terrena para convivermos com os desafetos, equacionar desajustes que geraram desarmonia cósmica, tantas vezes quanto tantas estrelas existem no infinito, até que nos façamos fênix que sobrepuja as cinzas deixando-as no chão, reconstruindo nossa "casa, reparando o templo interno, nosso Ori – consciência – e por ressonância sutilizando nosso corpo astral.

O oxé – machado ritual – de Xangô, corta indistintamente para os dois lados, sendo equânime e justo; quem deve paga, quem merece recebe. Então, não esquecemos facilmente disto, pois ele pode cortar contra ou a nosso favor. Afinal, quem maneja adequadamente o que planta, dentro da Lei Divina, não receia a colheita. No aspecto esotérico mais profundo, é o Orixá regente da Lei de Ação e Reação, com suas causas e consequências, julgador implacável de nossos atos.

## Orixás do elemento Água com regência sobre a força de realização hídrica: Iemanjá, Oxum e Obá

### Iemanjá (terra)

Quando da união dos arquétipos dos elementos primordiais (ar, terra, fogo e água) e tudo estava feito e cada Orixá se encontrava "possuindo" a natureza criada, Oxalá, respondendo diretamente às ordens de Olorum, cria o ser humano. A significação dos mitos de Oxalá fica mais compreensível e nítida quando estudadas juntamente com os de Iemanjá. Em muitos enredos, estes dois Orixás estão juntos na Gênese Divina. Ambos representam, respectivamente, o ar e as águas de origem, nos primórdios da criação. Enquanto Oxalá é síntese do poder genitor masculino, Iemanjá representa o poder genitor feminino. Por isso, Iemanjá é a mãe da humanidade.

Orixá que rege as águas. No Brasil ficaram consagradas as águas salgadas como sendo seu reino vibrado. Podemos fazer uma inferência com as profundezas dos oceanos como o arquétipo do nosso inconsciente, o Eu Real ainda desconhecido.

Seus poderes de realização agem sobre a maternidade (a mãe que educa) e a saúde mental e psicológica.

Existe uma narrativa mítica que descreve os cuidados de Iemanjá para com Oxalá, que se encontrava "fraco" da cabeça. Iemanjá cuidou de Oxalá e ele se restabeleceu. Por isto é considerada a mãe de todos os Oris.

Preside a formação da individualidade e a percepção de si mesmo, regendo os processos mnemônicos alojado no inconsciente profundo que afluem para o consciente. Está presente em todos os ritos de firmeza e fortalecimento de Ori. Rege todas as águas do planeta, sejam de rios, lagoas ou mares. É a mãe de todos os filhos, a Mãe do Mundo. Vibra em todos os seios que amamentam protuberantes e cheios de leite quando o influxo vibratório – axé – não encontra bloqueios.

Iemanjá é o grande espelho da humanidade, matriz refletora dos arquétipos coletivos que nos educam, sobretudo para que exploremos as profundezas de nossas potencialidades inatas ao espírito, adormecidas nas profundezas do inconsciente. Afinal, quando seremos deuses?

## Oxum (terra)

Generosa, digna e cheia de candura.

Oxum é a "dona" da fecundidade das mulheres, mãe doce, protetora das crianças, especialmente dos fetos, pois vibra intensamente durante a gestação. Por isto "zela" pelos renascimentos desde o ventre até por volta dos 7 anos, quando "entrega" para Iemanjá a regência da educação, a mãe que tem o dever de ser a primeira professora, o modelo de vida.

É a grande dama do amor e da fecundidade. Rainha de todos os rios, fontes, cachoeiras e cascatas. Com suas águas fertiliza a terra árida, assim como as mulheres fecundas formam as placentas. Os ovos são símbolos da gestação e o mel de abelhas da fertilidade, ambos os elementos são deste Orixá.

A senhora do mel, da doçura e da candura, assim é Oxum. Não por acaso as abelhas simbolizam a diligência, a cooperação, a nobreza e o amor da união. Observemos que as colmeias são matriarcais, giram em torno de uma rainha Mãe; a realeza do poder genitor feminino, assim como Oxum é maternal, a divindade da fertilidade e da gestação.

O mel está associado à doçura, prosperidade e abundância. O simbolismo da abelha também representa o Cristo (amor e compaixão). Por outro lado, o ferrão relaciona-se à justiça e à verdade, ao qual Jesus foi fiel até o último suspiro humano. É o "ouro" vegetal, utilizado na dieta humana desde os primórdios. Quando usado em unção busca a conexão com atributos de riqueza e progresso espiritual. As libações de mel, comuns na Umbanda, sob o manto vibratório de Oxum, visam firmar a ligação com os Guias e Falangeiros na coroa mediúnica dos adeptos. Também objetiva harmonizar o ambiente, acalmando os ânimos e unindo a corrente.

Oxum é a energia equilibradora de nossas emoções, que impulsiona à aproximação para com o próximo, abrindo nossa afetividade a um estado receptivo ao relacionamento com o outro. É força que higieniza nosso campo mental de cristalizações em pensamentos mórbidos e libera-nos de emoções desajustadas, gerando novas oportunidades e reciclagens para interagirmos com o meio que nos cerca, sejam psicológicos, sociais ou mentais.

É a estratégia implementada com doçura, mas não menos firme e determinada que qualquer outro Orixá do fogo. Seus filhos de cabeça carregam grande sensibilidade mediúnica e geralmente são excelentes dirigentes de terreiro.

## Obá (fogo)

Orixá regente das águas revoltas. Ou seja, as águas agitadas, assim como o fogo a faz borbulhar na fervura. A turbulência, que agita as águas, a "pororoca", o encontro das águas, que se chocam e se agitam. Traz a paixão violenta, que vai até as últimas consequências para a conquista. Seu elemento principal é a água, é também afim com o fogo por sua impetuosidade e capacidade de incendiar os ânimos. Tem ação sob a terra. Fortemente se relaciona com o magnetismo telúrico e não dá um passo em falso terreno, sendo metódica e disciplinada. Finalmente, pelo dinamismo e atuação sobre os quiumbas (obsessores) o ar a responde com força, como se os desencarnados fossem ventos, o sopro de Obá os domina, assim como Iansã o faz.

Nem sempre a vontade de guerrear é destrutiva, especialmente não o é quando parte de uma inquietação causada pela injustiça; o preconceito que leva a subjugação do outro, ao abuso emocional e psicológico. Notadamente, Obá guerreia pela igualdade de gênero, entre homens e mulheres, buscando equilíbrio nas diversas relações psicobiosociais, almejando a paz entre os litigantes.

Obá é o Orixá da guerra. Na verdade, é a própria guerra, pois estabelece as condições para o campo de batalha existir quando a causa é justa. É energia divina e criativa que reside internamente em cada um de nós e é despertada quando sentimo-nos injustiçados, sendo mais intenso nas mulheres.

Lamentavelmente, ainda o sexo feminino sofre violência diariamente no planeta e existem regiões que há escravidão sexual. Nossa sociedade é machista e o grito de guerra pacífica contra a exploração das mulheres, exige rupturas com as atitudes e ações injustas. Este impulso volitivo parte do poder de realização de Obá.

Podemos afirmar que em muitos atributos psicológicos Obá é semelhante a Xangô, sendo espelho deste Orixá do fogo. Obá desconhece o medo, é prática. Objetiva e corretíssima. É o Orixá das "causas perdidas" e todo aquele que precisar recorrer para resolução em uma instância superior de justiça, pode auferir o poder de realização desta divindade. Todavia, sua força sagrada só ajuda os injustiçados. Se a decisão em primeira esfera foi correta, não se apele para Obá, pois o "tiro pode sair pela culatra". É o Orixá mais belicoso com a litigância de má-fé, o falso testemunho e o perjuro. Assim é a padroeira dos advogados humanitaristas que patrocinam causas justas em favor de todos.

Constitui o estereotipo de forte temperamento, a guerreira em favor das igualdades sociais, econômicas, étnicas, de gênero... No encontro das águas agitadas e revoltas, simboliza a busca de consenso num mesmo propósito, embora por vezes somente "indo à guerra" se consegue a paz.

# O corpo em transe, sensações e comportamentos gestuais

Neste capítulo, descreveremos sucintamente como as vibrações dos Orixás, por elemento, influenciam e impactam em reações do corpo físico, durante os transes rituais, com sensações e comportamentos gestuais peculiares. Obviamente que nossas observações são empíricas, estão baseadas na experiência pessoal e coletiva, adquiridas na prática do terreiro.

Sem dúvida, na cosmovisão preponderante nas Umbandas dá-se importância ao corpo como possibilidade de manifestação sagrada. Para o imaginário umbandista, que se torna real nas manifestações, durante os transes mediúnicos que fazem a conexão entre o profano e o sagrado, é imensa a legitimidade e a alteridade do universo corporal, visto e percebido como linguagem simbólica pautada em práticas ritualísticas.

A "dança" e a performance gestual (movimento corporal) dos Orixás, Guias e Falangeiros, é pré-requisito preventivo à manutenção da saúde e terapêutico nas doenças psíquicas e físicas. Assim justificam-se a função, intenção e significado de atos e comportamentos que dão movimento, envolvem o corpo, nos diversos ritos que vivenciamos.

Pensemos que nada no Cosmo está estático, parado. Tudo se movimenta, se expande ou se contrai, num eterno batimento rítmico que estruturam os ciclos infinitos da vida manifestada no plano concreto, material, animal, mineral, vegetal e humano. Mesmo nosso microcosmo orgânico é formado de miríades de movimento entre átomos, moléculas, nervos e órgãos.

Por meio de conceitos proporcionados pelas ciências sociais e psicologia, temos reflexo em nós da cultura, símbolo, rito, mito, arquétipo, tradição e religião – que nos auxiliam na compreensão da "construção" do ser humano como um complexo psicobiosocial, um verdadeiro "espelho" do Eu Real, que quando expresso no movimento corporal em transe "anula" momentaneamente o Ego - persona. Permite que nos entreguemos em performance gestual juntos aos falangeiros/orixás com todos os sentidos ampliados, unindo-nos ao sagrado, ao divino, que habita em nós.

Não há como participar de uma sessão de Umbanda, ouvir o som dos atabaques, os cânticos, os cheiros, luzes e ritmos peculiares ao ritual aplicado, sem sentir a movimentação que esta experiência imprime na mente e no corpo. É perceber a sintonia da relação entre o senciente – todos nós – e as vibrações pulsando no ambiente e reverberando em nossos sentidos, expandindo-os a um nível extrafísico.

Nem todos são eletivos ao transe mais profundo. Os que o são, são denominados médiuns de Umbanda. Durante as incorporações, a consciência se amplia alterada pelos estímulos rituais do ambiente, tornando o corpo do medianeiro numa usina captadora, concentradora, impulsionadora e redistribuidora de axé. Por meio de cada movimento e gesto corporal, fluem pelos plexos nervosos e chacras o fluido captado do plano sobrenatural, concentrando-se na "mistura" com o ectoplasma animal, sendo impulsionado pela força centrífuga – de dentro para fora – dos chacras para todo o terreiro, redistribuindo e reencetando a força do axé.

Mas afinal, o que é axé?

Axé, em iorubá, é entendido como energia vital, presente em todos os elementos da natureza. A força que assegura existência dinâmica. Podemos relacionar com o prana do hinduísmo ou com o fluído cósmico dos espíritas. Sem axé não haveria existência, é o princípio que torna possível a vida. Ocorre que o axé pode ser transmitido e designa na Umbanda a força magística sagrada que todo o Guia Espiritual traz e manipula, cada um em sua esfera de ação. Assim, pela conexão mediúnica, captamos este fluído, o potencializamos, acumulamos e o direcionamos para todas as atividades magísticas e caritativas de nossas sessões.

É importante estudarmos os Orixás, também como personagens arquetípicos. As narrativas míticas são metáforas repletas de ensinamentos simbólicos, sobre as mais variadas áreas da experiência humana e são expressões em linguagem cifrada para o entendimento do homem comum, das forças cósmicas criadoras do planeta.

## O transe sob a irradiação dos Orixás do Ar ou força de realização eólica: Oxalá e Iansã

### Oxalá

A manifestação de Oxalá na Umbanda, quando ocorre, geralmente é com falangeiro. São espíritos muito velhos, apresentam-se como idosos, nossos irmãos mais velhos na criação. Dedicados com o esclarecimento mais profundo sobre a doutrina cósmica, as leis universais e tudo que se relaciona com o melhoramento dos seres humanos. Universalistas em sua mais ampla significação pregam o amor e a ética, a lapidação do caráter e nos são exemplos máximos de paciência, mansidão, candura, generosidade, misericórdia, compaixão e altruísmo por todos os seres sencientes vivendo no planeta.

Vibração lenta, contida, de contração, suave de um frescor regenerador. Assim como o velho caminha devagar, o corpo se retrai, curva-se levemente, as feições se fecham, ficam severas, quase "enrugadas". Temos os Caboclos velhos pajés, sábios e curadores, mas também temos os caboclos de "pena", "jovens", mas serenos como todas as entidades que se manifestam sob a irradiação deste Orixá.

No tocante a manifestação do Orixá, raramente ocorre na Umbanda. Quando se dá, o médium curva a cintura olhando para a Terra, como se caminhasse sob o globo. Apoiam-se em cajado, bengala ou no opachorô, instrumento ritual de Oxalá utilizado nos terreiros identificados com a cultura nagô.

## Iansã

Iansã significa "mãe dos nove": Iyá Messan, a mãe dos nove véus. Na cosmovisão de origem, iorubana, o plano espiritual tem nove grandes dimensões e a Terra estaria no meio, teríamos mais quatro "para cima" e quatro "para baixo", quanto mais alto menos denso, quanto mais baixo mais denso. Então, a mãe dos nove véus tem o poder de transitar em todos os níveis dimensionais, de conduzir os espíritos para a esfera vibratória afim, em conformidade com o "peso" específico de seu corpo astral e mental.

É o Orixá de maior poder de ação e impulso no elemento eólico, alcançando repercussões inimagináveis no espaço hiperfísico. Detém a faculdade de realização dos movimentos contínuos, circulantes, dinâmicos, expansivos, quentes, intensos e ventosos. Seu veículo mensageiro, como fiel carteiro, é o ar quando venta. Simboliza mudanças e comunicação; o vento que limpa e purifica. O ar que expira o moribundo no último suspiro lhe pertence.

Seu princípio de se "comunicar" com todos os Orixás, aproxima-se de Exu, o grande mensageiro e comunicador. Assim relaciona-se com todos os pontos de força, pois o fogo, a água e a terra dependem do ar para serem ativos úteis e férteis à vida. Notadamente o fogo, que não existe sem o ar, faz de Iansã energia e princípio dinâmico crucial e indispensável para Xangô e Ogum – concede-lhes a combustão, a possibilidade de raios e trovões, a temperatura alta da forja para moldar o ferro em ferramenta adequada ao manejo. Como a chispa que nasce da labareda, é filha do fogo, corisco e tempestade; rompe estruturas estagnadas, instabiliza o consolidado, reinicia o concluído, faz-nos repensar conceitos mentais e hábitos fossilizados.

É o raio que corta os céus clareando a noite, simbolizando a iluminação interior que destrói a escuridão dos pensamentos mórbidos repetitivos, cristalizados como atitudes equivocadas, fazendo-nos mudar para melhor. O ar em movimento alimenta o fogo rápido, nervoso e com direção certa – o calor das paixões arrebatadoras, das emoções exaltadas e descontroladas, faz-nos agir impulsivamente, mas ao final servem-nos para mitigar nossas próprias limitações e auxiliam ao nosso amadurecimento espiritual.

As manifestações das falangeiras de Iansã são intensas, rápidas, movimentam-se em ágeis passadas, sem quaisquer possibilidades de aprisionamentos. Balançam braços e pernas numa coreografia dinâmica, como se assoprassem o ar com as mãos e assim atiçam as brasas quentes no chão aos quais pisam. É força purificadora, transmutadoras de relacionamentos enfermos, vampirizadores, equilibrando as interações interpessoais. Decanta os assédios psíquicos entre vivos e as obsessões complexas com desencarnados, amainando tensões e conflitos, limpando o ambiente etéreo-físico de todos envolvidos.

# O transe sob a irradiação dos Orixás da Terra ou força de realização telúrica: Oxossi, Omulu/Obaluaê e Nanã

## Oxossi

Nos estados acentuados de transe dos Caboclos de Oxossi, os médiuns assumem posturas de grande segurança, altivez, destreza e mobilidade. Durante as danças rituais aos sons dos atabaques conjugados com a entonação dos pontos cantados, mantras de fundamentos mágicos propiciatórios e indutores de estados alterados e superiores de consciência, as entidades do lado de lá, muitas de grande beleza entre cores iridescentes, momentos em que os médiuns se acoplam num mesmo espaço sagrado com estes guias, giram em torno de seu próprio eixo, havendo um perfeito entrosamento e encaixe vibratório entre o perispírito do medianeiro e da entidade comunicante – plexos nervosos e chacras dos médiuns ficam justapostos interpenetrados com os chacras e corpo astral do espírito que o "toma" tornando-se ambos um só a clarividência.

São vivências mediúnicas com o nível de consciência coletiva em que todos os presentes na comunidade terreiro são tocados e convidados a participar do ambiente espiritual formado e em conformidade com o grau de compreensão e sensibilidade de cada um dos participantes desses ritos indutores do transe de possessão.

Incorporado no médium com os pés no chão, o Caboclo realiza um "giro" espontâneo e natural em torno da medula espinal que forma o eixo dos chacras que liga o corpo físico com o corpo astral por meio dos milhares de circuitos eletromagnéticos localizados no duplo etéreo do medianeiro. Os vórtices energéticos do corpo astral do espírito do lado de lá têm força centrífuga e centrípeta que harmoniosamente mantém a integridade da entidade quando se aproxima do plano material por meio de um intenso rebaixamento vibratório imposto.

Imaginemos um escafandrista em profundas águas lodosas que não tivesse a aparelhagem de mergulho precisamente calibrada para o mesmo suportar as grandes profundidades. Assim ocorre com o espírito comunicante que se não tiver adequadamente "acoplado" em seu médium pode danificar em certos pontos sensíveis o corpo mais sutil, o astral, e até causar danos ao medianeiro.

O giro provocado em tono do eixo da medula espinal é um ajustamento de sintonia fina entre os movimentos de forças que convergem interpenetrando-se – chacras com chacras –, mantendo-se assim a perfeita inviolabilidade do sistema orgânico do aparelho mediúnico, dos gânglios, plexos e glândulas endócrinas.

A vibração imposta ao médium na irradiação de Oxossi é dinâmica, rápida, mas não é nem expansiva demais ou de contração excessiva; é equilibradora e firme como a terra sob nossas pisadas e mantém-nos em pé. Quando manifestado em transe nos médiuns, o caboclo está com os pés firmes no chão e a cabeça no ar, precavido e cauteloso olhando tudo a volta, um tanto desconfiados, andam de um lado a outro e não conseguem ficar parados, notadamente nas pernas e tronco. Se fixos para os passes, balançam suavemente os ombros para frente e para trás, fixando as vibrações no chacra básico, mantendo sempre um leve passo de pernas para um lado ou outro, para frente ou para trás.

## Omulu/Obaluaê

Em nosso entendimento, adquirido na vivência dentro do terreiro, Omulu e Obaluaê é um mesmo Orixá, pois se trata de uma única energia. Patrono da Linha das Almas na Umbanda, capitaneada pelos amados pretos velhos. Hoje é mais compreendido, mas teve época que o preconceito levou uma "escola" tradicional umbandista até a criar um novo Orixá, na tentativa de embranquecer a Umbanda, negando Omulu.

Temos um mesmo Orixá com dois nomes: Obaluaê – o novo – e Omulu – o velho -, simbolizando o ciclo da vida física e espiritual na matéria, que se inicia no nascimento de um bebê e se encerra com a morte na velhice. Observemos que tudo no universo teve um início e inexoravelmente quase tudo terá um fim. Nós, espíritos, somos infinitos. Nada é eterno, só Deus.

Omulu é vibração lenta, do alto para baixo, dirigida a terra. Magnetismo telúrico altamente curativo, levemente frio, não chegando a ser gélido. Em preceitos, dependendo da sensibilidade do médium, pode haver queda de temperatura corporal, especialmente friagem nas extremidades, braços e pernas. Ocorre que a ação do poder de realização de Omulu requer altas doses de ectoplasma, que se mantém inalterado e ativo se abaixo da temperatura média corporal de 37º graus, sem exposição à luz branca – fluorescente ou led – pois quebram as moléculas etéricas.

Os pretos velhos são os falangeiros eletivos a recepção desta vibratória. Ao baixarem a cintura de seus médiuns, curvando-os, sensibilizam o chacra básico para a doação abundante de ectoplasma, quantidade adequada e necessária aos trabalhos de cura.

Mas afinal, o que é o ectoplasma?

Originalmente conceituado como uma espécie de substância vaporosa, rarefeita, é exsudada pelos poros do corpo etéreo dos médiuns. Pode ter variações de concentração e densidade, desde um fluído diáfano até algo leitoso. Para nosso breve estudo definiremos como fluído invisível de origem animal – humana – produzido no interior do citoplasma das células e peculiar a homeostasia orgânica. Nos transes são expelidos intensamente e escorrem por todo o corpo, orifícios e pelos cabelos, em direção ao solo, atraídos como limalhas de ferro por um imã. É o combustível principal que as entidades manejam nas curas, recompondo membros perispirituais, cicatrizando feridas, higienizando pústulas, plasmando medicamentos etc.

Falemos de Obaluaê.

É uma mesma energia, agora mais quente e dinâmica, mas ainda lenta e intrinsecamente contida no interior da terra. Ao contrário da vibração de Omulu, que flui do alto para baixo, verte de baixo para cima, quase como uma erupção vulcânica na superfície da crosta – reino de Xangô. Energia indispensável para os socorros nas frias zonas do baixo umbral, ocasiões em que hordas de espíritos sofredores são resgatados.

A manifestação deste Orixá – transe anímico –, leva os médiuns a se curvarem ficando com as faces para o chão. Movimentam-se lentamente, como que varressem o solo. Estão "aspirando" toda a negatividade, emanações enfermas do ambiente, atraindo-as para si e de si para os campos de força decantadores na calunga – cemitério – e no centro da terra (magma incandescente), pertinentes ao poder divino deste Orixá frente aos elementos.

## Nanã

É Orixá símbolo da vida humana, precisamente da "fabricação" dos corpos físicos, do nascimento do barro, de onde viemos; a lama primordial ou matéria primeva formadora de todos.

Sua força está ligada a terra úmida, molhada, existente nas vertentes e nascentes de água no subsolo. Localiza-se também no fundo dos lagos e mangues.

Nanã, assim como uma vó bondosa acolhe o netinho em seus braços, acalenta em seu colo os espíritos recém-desencarnados. Ela comanda o portal de trânsito que abre a travessia entre a Terra e o Plano Astral. Conduz amorosamente os "mortos" perturbados, fazendo-os dormir, por isto é conhecida pelo epíteto de "Senhora das Passagens".

Sua manifestação é feita pelas anciãs, pretas velhas avós de todos, vagarosas, sábias, prudentes e austeras. No nível de vibração de Orixá, é sentida como energia diáfana, muito sutil, branda, refrescante, qual brisa em jardim perfumado e florido. Faz-nos chorar de emoção, aperta-nos o coração. Exige total harmonia da corrente para ser percebida. Os médiuns se curvam e balançam suavemente os braços como se carregassem uma criança recém-nascida no colo.

Reflitamos que o morto para nós é vivo do lado de lá. Aqui é motivo de tristeza, no além-túmulo de alegria. Diz-nos Pai Benedito do Cruzeiro:

*– Meu filho, quando chegou a este mundo, você chorava e todos os demais sorriam. Viva de modo que, ao partir, todos chorem e você sorria. Não faça como as almas aflitas, que do lado de cá choram pelo tanto que riram e gozaram na Terra.*

...

Na Umbanda, com as iniciações internas, decorrência da vivência no templo, ritualizada por meio de liturgias propiciatórias, expande-se nossa sensibilidade psíquica e mediúnica para percebermos com mais clareza – claridade ou iluminação interna – o mundo transcendental dos Orixás e nossos ancestrais – benfeitores espirituais. São experiências religiosas em comunhão grupal, e se acompanhadas do estudo contínuo, reflexão sobre os estados vivenciados de consciência alterada e busca incessante do autoconhecimento, "seguramente" nos conduzirão a um destino alvissareiro: reconhecermo-nos como seres humanos – espíritos – melhores e felizes na vida, na comunidade de "santo", na família e na sociedade. Seguem duas narrativas que aconteceram de fato...

## Relato de uma experiência mediúnica com Omulu

"Após o término dos atendimentos na Casa de Caridade Umbandista e durante os toques e cantos, a corrente mediúnica reverenciava o Orixá Omulú quando ele com sua tradicional vestimenta de palha e trazendo o xaxará nas mãos surgiu no meio do abaçá, resplandecente com um halo violeta ao seu redor, encimado de dourado levemente azulado. Do xaxará saiam raios de luz que alcançavam o chacra coronário de cada um dos médiuns, criando um efeito luminoso de cor violeta cristalino, belíssimo. Formou-se imediatamente um círculo de onde partiam intensos raios de luz para todas as direções e se ligavam aos médiuns pelo raio central. Espetáculo maravilhoso porque no astral as cores são mais vivas e mais intensas. Os trabalhadores espirituais da linha de Omulu postaram-se ao redor da corrente, reforçando a luz, como uma abóbada toda iluminada, e estes raios coloridos limpavam a atmosfera que circunscrevia os médiuns, desmanchando energias escuras, larvas e lama astral, adensadas na aura de cada um e representadas por tons acinzentados e negros, escuros e malcheirosos. Tão logo a luz violeta alcançava os médiuns os campos áuricos adquiriam novas tonalidades mais suaves e equilibradas. A ligação perdurou enquanto a corrente se mantinha concentrada na louvação e foi se desvanecendo lentamente, entretanto um pálido brilho ficou concentrado no coronário de cada um dos componentes da corrente.

O que cada um levou para si naquela noite é difícil mensurar porque nem todos tem a mesma sensibilidade, mas com certeza todos saíram bem melhores do que quando chegaram na Casa Umbandista para trabalhar na caridade e aprender junto com seus guias e mentores a ser um pouquinho melhor a cada dia. Avatares e iluminados, com certeza não seremos nesta jornada encarnatória, porém é nossa obrigação compreender e assimilar os atributos dos Orixás e aplicar tais ensinamentos em nosso dia a dia. A caridade maior é aceitar o quanto somos falhos e o quanto ainda precisamos trilhar, gastando nossos pés, para nos tornarmos melhores.

Salve Omulú!

Atotô meu Pai!

Alivia meus sofrimentos, para que levante deste leito e volte a caminhar."

Lizete Chaves - escritora e médium.

## Relato de uma experiência mediúnica com Nanã

"Estava pensando no significado da palavra feixe e busquei dois dicionários da língua portuguesa, pois pretendia dar o significado correto da mesma e encontrei o seguinte: a) coisas da mesma espécie unidas no sentido do comprimento: feixe de palha; b) conjunto de raios luminosos paralelos ou quase paralelos, de uma fonte comum: feixe de luzes; entre outras mais. Fiquei pensando sobre o porquê de tal atitude, pois as pessoas devem saber e então isto seria chover no molhado. Mas quando fico martelando algo em minha cabeça enquanto não coloco em ação a ideia não tenho sossego, parti logo para minha busca. E quando encontrei o que procurava fiquei feliz e aqui vai o motivo. Um texto intimista que relata uma experiência marcante, vivida durante uma noite de trabalho na casa em que desenvolvo minhas atividades como médium umbandista, estudando e trabalhando com afinco em prol da coletividade e principalmente de mim mesma, tentando compreender a relação dos seres humanos com o Divino, representado por meio dos Orixás. Relação que vem se desenvolvendo e amadurecendo ao longo dos séculos e das mais diversas culturas, ligando o homem ao sagrado, seja por meio do medo ou da adoração, para que haja um melhor entendimento da figura representativa de um Deus que ainda não é bem compreendido por falta de melhores conceitos que sirvam para esclarecer de vez que na maioria das vezes são colocados apenas em termos intelectuais ou de imaginação popular.

Então como é de praxe na Casa Umbandista após o trabalho de passes e consultas com as entidades manifestadas, depois que todos os frequentadores são atendidos e as portas se fecham para o público, inicia-se um trabalho com toques e cantos para os Orixás e para as diversas linhas de trabalho, conforme a necessidade da corrente mediúnica e sempre de acordo com a orientação repassada pelos mentores astrais para o Zelador e dirigente responsável pela comunidade religiosa. E assim, como habitualmente ocorrem após as sessões públicas – em que são atendidos em média 200 pessoas –, realizou-se a 'limpeza' energética da corrente e da casa, encaminhamento de entidades sofredoras, doentes em geral, das energias densas e pesadas, deixadas pelas dores dos seres humanos, das formas pensamentos, sempre com a ajuda das falanges do bem e restabelecido o reequilíbrio dos médiuns o fim de mais uma noite estava próximo quando o Dirigente solicitou a todos que não estavam incorporados que ajoelhassem para o Orixá Nanã, que se manifestava 'ocupando' vários médiuns ao mesmo tempo, notadamente num transe coletivo de possessão característico com movimento dos corpos peculiares ao mito ancestral revivido pelos toques de atabaques e cânticos, para sentirmos plenamente a energia e vibração (axé) de Nanã fazendo louvor em forma de reza e rogativa, fixando-nos o encantamento sagrado que se fazia intenso pela ritualização vivenciada e indutora dos estados alterados de consciência. Não saberia dizer quanto tempo se passou porque ao nos identificarmos com a energia – axé – de Nanã perdemos a noção das horas, nos elevamos e deixamos de sentir o corpo físico, mesmo posicionado como estávamos não sentíamos os joelhos, nossos ossos não reclamavam da posição incômoda, o esqueleto físico não se manifestava em desconforto. E durante o transcorrer da louvação, concentrada e acompanhando mentalmente as palavras do dirigente que nos guiava e orientava naquele momento por seu verbo mediunizado – psicofonia –, abriu-se o meu campo de visão psicoastral e percebi com a ajuda da espiritualidade e dos guias que nos mostram aquilo que podemos e suportamos ver para nosso esclarecimento e orientação, que estava muito escuro acima de nós, em algum ponto no céu a escuridão se fez aterradora, não sei em que dimensão a cena transcorreu, mas repentinamente surgiu num canto, bem no alto um feixe de luz tão intenso que varreu a escuridão, como um farol, guiando os navegantes nas noites de tormenta. No momento me veio à mente a figura do Arcanjo que com sua luz varre a escuridão abissal numa promessa de redenção para os que apresentam condições de serem resgatados das sombras. Foi muito intenso e me marcou.

Olhava com os olhos da alma – a terceira vista – e uma voz explicou que era a bondade do Criador, manifestado por intermédio do Orixá. Assim como o Arcanjo ilumina as trevas abissais do planeta com sua misericórdia, de tempos em tempos qual farol redentor o Pai envia sua luz, por intermédio do Filho para dissipar as trevas da humanidade e consolar os humildes e misericordiosos. Suavizando os caminhos e os percalços da humanidade, lembrando que não estamos à mercê das trevas, mas apenas de nossos próprios caprichos e desmandos. Fiquei muito impressionada tal a magnitude e o poder da luz, porém após o término dos trabalhos 'apaguei' o mesmo da memória, esqueci total.

Durante a madrugada de sábado recordei pelo sonho em duas etapas diferentes e quando acordei repentinamente as cenas ainda se passavam em minha memória, reais e vivas, com tanta força que resolvi registrar por meio da escrita, procurando fazê-lo mais fiel possível, tentando repassar a emoção que ainda sinto quando penso sobre a vivência que participei."

Lizete Chaves - escritora e médium.

# O transe sob a irradiação dos Orixás do Fogo ou força de realização ígnea: Ogum e Xangô

## Ogum

Ogum é a irradiação divina responsável por uma enorme falange de espíritos que leva seu nome.

Controla todos os fatos possíveis de execução pela ação da vontade, um atributo específico do Orixá que pode ser utilizado para escoar a negatividade de cada indivíduo ou grupo, necessitados de educarem a vontade e aplicarem-na com equilíbrio. Ocorre que muitos foram soldados e militares, outros conquistadores de territórios e dominadores de populações. Caracterizam-se os espíritos atraídos por este Orixá por um forte comprometimento com as guerras, com as batalhas e busca incessante da vitória.

Os espíritos que reencarnam sob a força de realização de Ogum, tendo-o de frente compondo o Eledá, terão que aprender a inata aptidão psíquica à "guerra". Geralmente são de temperamento explosivo, de pavio curto, quente nas emoções; tal como o fogo crepitante.

Ogum trabalha nossa vontade. Dá caminho e abre estradas para que ampliemos o senso de percepção de nós mesmos e consequentemente para que alcancemos o autoconhecimento. A maior batalha de nossas existências é contra os inimigos internos, amarras que nos impedem de alcançarmos a liberação do jugo do ego.

A educação anímico-consciencial sob a égide de Ogum, do cidadão destinado a conseguir seu passaporte cósmico de libertação do ciclo humano de renascimentos sucessivos, é símile à forja cheia de brasas em alta temperatura que molda a espada inquebrantável do guerreiro. Por vezes o calor da transformação interior faz-nos enxergar e, somente assim, cortar em nós, pela ação da vontade, os hábitos perniciosos que não nos deixam executar a contento o propósito de vida para qual reencarnamos.

Durante o transe nos terreiros, as entidades de Ogum, em sua maioria na forma de apresentação de Caboclos, mas não é incomum cavalarianos romanos e espíritos africanos se fazerem presentes em seus médiuns; são inquietos, deslocam-se rapidamente, empunham o braço para o alto como se estivessem com uma espada nas mãos. São nossos "combatentes" das maldades reinantes nas sombras umbralinas. Protegem os templos umbandistas contra os assédios, seguram as demandas que o astral inferior envia.

Ogum atua nos campos abertos, nas estradas livres, pois para a força de realização ígnea não existem obstáculos intransponíveis. Simboliza o alcance ilimitado que a vontade bem direcionada pode nos conduzir no melhoramento do caráter.

Observamos no transe com este Orixá, que os devotos balançam braços e pernas, numa linda coreografia, como se corressem de um lado a outro num campo de batalha – assim arrancam as cabeças dos inimigos. Claro está que esta performance gestual é uma metáfora; não conseguiremos viver sem a cabeça, nosso Ori ou centro da consciência e também o núcleo do inconsciente profundo, enfim nosso Eu Real, mente e espírito. Ao construirmos pensamentos insensatos, incoerentes com a Lei Divina, é como se arrancássemos a própria cabeça. Ou seja, caímos mortalmente feridos, derrotados e impedidos de realizarmos o real motivo para qual reencarnamos.

Energia quente, dinâmica, expansiva, sem limites, tal sua intensidade e poder de realização – quando as espadas dos guerreiros se tocam e soltam chispas incandescentes, assim é Ogum.

# Xangô

Assim como Iansã, "carrega" o poder do fogo em sua ação a favor da humanidade. É o Senhor do Trovão que faz o solo trepidar e as pedras rolarem. Quando Xangô age todos o escutam, pois quem deve paga e quem merece recebe, doa a quem doer, tal é a força da Lei Divina. Disse Jesus: *"eu vim para trazer fogo sobre a terra e como gostaria que já estivesse em chamas!"*

O mestre trouxe a justiça do Reino dos Céus para o povo, instruindo as populações sobre a equanimidade do Pai na hora final de julgamento, ao qual todos nós seremos submetidos, rigorosamente igual. Simbolicamente, os raios e os trovões são suas "armas", usadas para incendiar a humanidade com o fogo da justiça divina.

É o Orixá que exerce poder sobre os "mortos". Sentencia as "provas" que passarão no além-túmulo e onde estarão localizados, em qual esfera vibratória do Plano Astral tem direito de permanecerem. O endereço justo que vamos morar, até que o efeito de retorno de nossas próprias ações, decantem as negatividades que causamos aos outros.

Os caboclos de Xangô quando se manifestam são sérios, falam pouco e quando o fazem são definitivos, assim como é certo que após o raio escutaremos o trovão. Energia quente, tão dinâmica quanto Ogum, é equilibradora de nossas ações, pois age sob a vontade prudente, dosada na ação consequente para o bem-estar de todos. Coloca-nos em prumo com o sentimento de equidade nos fortalece o senso de justiça individual e do eu para ou outros – coletivo.

A manifestação ou transe anímico do Orixá é rápida e intensa, os devotos balançam pernas como se pisassem em brasas em ritmo cadenciado peculiar, andando de um lado ao outro. Cruzam os braços no peito com as mãos segurando um oxé – machado ritual – cada uma. O "rei" está em terra, o portador da justiça divina, equilíbrio inexorável diante dos conflitos, seja na esquerda ou na direita... Atrás ou na frete, em cima ou em baixo... Assim é Xangô.

Kaô!!!

# O transe sob a irradiação dos Orixás da Água ou força de realização hídrica: Iemanjá, Oxum e Obá

## Iemanjá

Esse Orixá é tido como a Mãe de todos nós. Os mares, ao evaporarem, "casam-se" com o céu (Oxalá), as forças de realização hídrica e eólica unem-se, complementares, sinérgicas, e assim redistribuem em todo o planeta as águas, vaporosas, que nascem da união de Iemanjá e Oxalá; caem sob à terra, assim como o esperma beija o útero; abençoa nossas cabeças e telhados, chuvas que fertilizam o solo e o germinam, água que nos sacia a sede, água que alimenta nossa fome de reencontro com Deus.

A manifestação das falangeiras nos terreiros de Umbanda é uma linda performance gestual; caminham balançando o corpo como se fossem marolas do mar sob a luz da lua cheia. Sobem e descem suavemente o tronco como se o influxo do magnetismo lunar as puxasse para cima, transformando o transe em uma bela coreografia do próprio ritmo das marés.

Energia fresca, úmida, "vaporosa" como a névoa da arrebentação das ondas a beira mar, balsamizante, cadenciada, um tanto lenta, preenche-nos de bem-estar indescritível – sentimo-nos como se flutuássemos no útero de nossas mães. Aqui Iemanjá une-se a Oxum, a Senhora da Gestação.

Sobre a manifestação de Orixá, os médiuns, na maioria mulheres (infelizmente os homens tem bloqueios de "soltarem" o movimento corporal, talvez pelo fato de nosso inconsciente ainda vibrar nos dogmas das religiões patriarcais e misóginas), dançam remando, como um barco empurrado pela força das marolas, sem fazerem força, com fluidez, assim como a mãe alisa os cabelos do filho amado, despertando os afetos maternais esquecidos e adormecidos em nós. Por vezes, nada incomum, gemem chorando, quase um canto de sereia, simbolicamente banhando-se como se mergulhassem numa piscina de corais para pegarem conchinhas do mar. Outras vezes colocam as mãos na testa, acima das têmporas, formando grande conchas com as mãos, evidenciando que ela é Iyá Ori, a mãe de todas as cabeças. O deslocamento corporal é suave, ligeiramente contido, como se flutuasse dentro da água – os adeptos em transe ajoelham-se e reclinam o tronco calmamente para a frente até encostar a cabeça no chão, cumprimentando o "fundo" do mar.

Não por acaso Iemanjá é a Senhora das profundezas psíquicas, dona do inconsciente, de tudo aquilo que nossa memória perene guarda no mais íntimo de nossas várias existências no ciclo de renascimentos sucessivos em corpos humanos.

## Oxum

Orixá regente das águas fluídas, suaves e relaxadas, que deslizam flexíveis contornando obstáculos. Oxum nos ensina a termos flexibilidade emocional, meiguice e candura no trato interpessoal em nossos relacionamentos afetivos. A generosidade para com o outro nos abre a sintonia com a prosperidade e abundância cósmicas. O tesouro de Oxum, sua riqueza maior, são as emoções educadas e amadurecidas.

Sobre a manifestação mediúnica no terreiro, suas enviadas são as caboclas das águas, que comparecem num transe suave, expansivo e sustentado. Curvam-se lentamente, sentam-se como se banhassem o corpo em baixo de uma cachoeira, ora alisando os cabelos, ora olhando-se num espelho ou admirando o reflexo do Sol nas águas. O alisar simboliza amar a si mesmo, condição indispensável para amarmos os outros. O reflexo do espelho remete à nossa interioridade emocional, é preciso nos olharmos mais internamente, pois só assim conseguiremos harmonia e serenidade, ao enxergarmos nossas emoções, nem sempre boas, por vezes acompanhadas de pensamentos positivos, edificantes e construtores de afetividade madura e saudável.

É uma energia refrescante, como gotículas em suspensão na cachoeira, brisa que alenta nosso ser e nos libera das tensões acumuladas no calor das paixões humanas.

Sobre o transe de Orixá, dançam com sensualidade não exagerada. Requebram as cadeiras suavemente em um balanço cadenciado, olham-se nos espelhos e se abaixam como se tomassem banho em um rio. Admiram-se no reflexo das águas numa postura um tanto narcísica, mas que não é vaidade negativa e sim amor e cuidado próprio; não conseguiremos equilíbrio em nossas relações afetivas, procurando sempre projetar no outro nossos recalques e medos.

O ato de se relacionar é de doação e não de controle do outro. Só se doa integralmente quem não teme as próprias emoções. Por isto é a Senhora dos Reflexos, aquela força de realização que mostra nossa imagem ilusória, indicando o que temos que transcender em nós de sentimentos reprimidos, mascarados em vitimismo e baixa estima pessoal que "enferrujam" nosso crescimento emocional.

Também usam braços e mãos como se graciosamente abanassem a si mesmas. Assim afastam nossos pensamentos negativos, que produzem as emoções desequilibradoras, "empurrando-os" para que o fluxo de águas correntes os leve embora. "Refrescam-nos" o psiquismo, aliviam-nos a casa mental cheia de preocupações, esfriam a quentura das paixões intensas geradoras de conflitos que obstruem nossa riqueza emocional.

## Obá

Na mitologia Obá cortou sua orelha e serviu para Xangô em seu amalá – prato ritual. É o Orixá que nos dá a capacidade de escutar o outro – empatia e alteridade, minimizando o autoritarismo, a prepotência e arrogância. Quando não "ouvimos" o outro, criamos todo tipo de conflito e discórdia em nossas vidas. A teimosia nos faz o pior dor surdos, o que não quer ouvir.

Energia correspondente ao encontro de forças opostas, intensa, expansiva e quente – água em ebulição, é semelhante ao encontro das águas salgadas com as de um grande rio, efeito natural conhecido como pororoca. É a regente das águas revoltas; após a tempestade os leitos dos rios transbordam, destruindo tudo ao seu entorno, levando ribanceiras e arrancando árvores. Quantas vezes "enchemos" e transbordamos o copo?

As emoções arrebentam em explosão que destrói tudo a volta. Assim aliviamos as tensões decorrentes de relações sociais e interpessoais subjugadoras, as quais escravizam, nos fazendo dominados por vontades alheias e pelo receio do que os outros vão pensar de nossas escolhas.

O poder de realização de Obá aparece sob as interações afetivas abusivas, dominadoras e subservientes. Busca com força incontrolável o equilíbrio entre gêneros, raças, sexos, pais e filhos, governantes e governados, homens e mulheres.

Sua manifestação, seja em termos de mediunidade – entidades ou anímicas – Orixá, dão-se numa dança rítmica envolvente, com sacudidelas no tronco e uma das mãos cobrindo a orelha, geralmente a esquerda com a mão esquerda. É notório neste movimento o corpo locomover-se para a frente com a mão direita levantada como se estivesse com uma espada em punho atacando o inimigo. Afinal Obá é a própria guerra, intensa, instintiva, sem estratégia ou planejamento. Muito energética, revela na corporeidade em transe, no ato de curvar-se e ao mesmo tempo ir em frente e atacar, o poder de ação dos opostos que se encontram e que no choque de forças antagônicas tenderão a unidade de intenções, tal como as águas contrárias que se encontram e arrebentam para logo após se misturarem, fazendo uma só.

Em nossas construções afetivas, Obá nos ensina que as oposições são complementares, assim como o é a Lei Cósmica de ação e reação, de causa e efeito. Por isto é o Orixá justiceiro das causas de interesse coletivo, amparando todos que advogam em prol do bem-estar comum da humanidade.

Ensina-nos que não devemos buscar dominar os outros e sim conquistá-los. Em nossas convivências recíprocas com outros seres humanos, as diferenças e antagonismos gerados são educativos, pois as opiniões contrárias nos fortalecem a resiliência e a capacidade de vencermos nossas próprias frustrações e assim angariamos equilíbrio. Por outro lado, impulsiona-nos a reagirmos, "explodindo" quando subjugados por vontades alheias, nascidas de relacionamentos viciosos, escravizantes e controladores.

# As linhas de trabalho

Não devemos confundir as linhas de trabalho com os Orixás. Um mesmo Orixá pode ter sob sua irradiação mais de uma linha vibratória de trabalho. Até hoje, desde o surgimento da Umbanda, em 1908, não se chegou a um consenso de quais sejam as linhas. Muito se fala em sete linhas de Umbanda, mas somos da opinião de que são mais que isso. Observemos que, ao longo do tempo, não somente a compreensão do que sejam as linhas como também sua quantidade se altera, pelo fato de a Umbanda ser uma religião de inclusão. Nada é rígido na espiritualidade e não podemos conceber o movimento astral da Umbanda, altamente dinâmico, como algo engessado símile a um quartel com organograma fixo.

O exemplo clássico disso que estamos afirmando é a Linha dos Baianos e dos Malandros, introduzida *pari passu* com o crescimento da Umbanda no meio urbano das grandes cidades do centro do país, como São Paulo e Rio de Janeiro. É uma característica regional que ganhou espaço no imaginário umbandista e, consequentemente, na contraparte espiritual, abrigando muitas entidades afins, assim como os Boiadeiros nas regiões Centro, Oeste e Norte, ou os cangaceiros, mais para o Nordeste. Da mesma forma, a Linha dos Marinheiros, que se consolidou nas grandes cidades litorâneas, nada mais natural pelo tamanho da costa marítima que temos e da importância que os portos e o comércio aduaneiro tiveram na história recente do crescimento econômico brasileiro.

A Umbanda por ser uma religião de inclusão, adapta-se às diversas regiões geográficas do país, aproximando-se melhor das consciências que moram nesses locais, e, a partir daí, faz a caridade, numa linguagem adaptada à compreensão do senso comum vigente.

Após essas conceituações, vamos elencar as principais linhas de trabalho:

### Linha de Oxalá

Talvez seja a linha de vibração mais sutil e que se condensa em todas as demais. As entidades do oriente fazem parte dela, que também pode ser considerada uma linha de trabalho independente, que abriga as entidades ancestrais de antigas tradições curadoras e são exímios na área de saúde e no esclarecimento de pontos de doutrina.

### Linha das Águas ou Povo D'água

Atua, sobretudo, na irradiação de Iemanjá e Oxum, representando o poder feminino da gestação e da maternidade. Relaciona-se aos pontos de forças da natureza das águas doces e salgadas; suas manifestações são suaves e são representadas pelas caboclas. Tem influência sobre o emocional, apaziguando os ânimos, levando embora as tristezas, reequilibrando os chacras e trazendo calma e tranquilidade.

### Linha de Xangô

São os caboclos que atuam com as forças energéticas das pedreiras, das montanhas e das cachoeiras. São os Senhores da Lei, da justiça, guardiões do carma (lei de ação e reação), procuradores dos tribunais divinos.

### Linha de Ogum

O Orixá Ogum rege os caboclos que atuam em sua vibratória. Aqui cabe relembrar que a forma de apresentação espiritual de caboclo prepondera, mas não é a única. Muitas entidades se apresentam como africanas ou indochinesas, até antigos samurais, enfeixados na irradiação de Ogum. São os vencedores que combatem as demandas, os guerreiros místicos, os mediadores das lutas nos choques cármicos, enérgicos, ativos, vibrantes e decididos.

### Linha de Oxossi

Esta vibratória significa ação envolvente e nela Jesus pregava usando a oralidade. São os grandes comunicadores da Umbanda, ou seja, os pescadores de almas, caçadores que acertam na doutrina esclarecendo as consciências como flechas certeiras. São exímios aconselhadores invocando as forças da espiritualidade e da natureza, sobretudo das matas. Esta linha é famosa por ser a linha da maioria dos caboclos. Especialmente as matas têm a ação de Oxossi que, no processo de "umbandização" dos Orixás, absorveu os atributos de Ossain, originalmente o Orixá das folhas, regente da seiva vegetal ou axé verde. Assim, na Umbanda, é Oxossi o conhecedor das ervas e também o grande curador.

### Linha das Crianças ou Ibejis – Erês

Cremos que esta é a linha vibratória mais sutil da Umbanda. Espíritos que se apresentam como crianças chamam-nos a atenção quanto à pureza da alma, necessária para a libertação deste ciclo de reencarnações sucessivas. Não por acaso, Jesus dizia "vinde a mim as criancinhas", ou seja, o estado de consciência crística é semelhante à "pureza" e à inocência dos pequeninos. As crianças da Umbanda "quebram" a rigidez, fazem cair nossas máscaras e couraças do ego que disfarçam realmente quem somos. Ensinam-nos a sermos menos sisudos e a importância da alegria, do lúdico e da leveza na existência humana, indispensáveis para que não deixemos morrer nossa criança interna. Certa vez, disse-nos um preto velho que, onde uma criança pisa, não tem feitiço que resista e obsessor que não se amanse. É a mais pura verdade, pois é exatamente isso o que ocorre quando as crianças "descem" em seus médiuns. Essas entidades utilizam-se muito pouco de elementos materiais e, por vezes, de doces e guaranás, imantados com suas vibrações e servem como catalisadores das energias curativas – e cada um recebe proporcionalmente à sua necessidade individual.

### Linha das Santas Almas do Cruzeiro Divino

São nossos amados pretos velhos, bentos e bentas, que vêm por meio de suas mandingas e mirongas para nos trazer conforto, consolo e orientação. Com suas atitudes humildes, incentivam-nos ao perdão e a sermos mais perseverantes e menos sentenciosos perante a vida. São exímios benzedores, curando os mais diversos tipos de enfermidades. Com suas rezas, poderosas imprecações magísticas, movimentam os fluidos mórbidos desintegrados pela força de "encantamento" de suas palavras.

### Linha dos Ciganos

Os ciganos na Umbanda trabalham, sobretudo, pela liberdade, fazendo-nos conectar com a fonte cósmica de abundância universal. Temos muita dificuldade, pelas doutrinas castradoras que confundem pobreza de espírito com miséria material, de exercitarmos e nos concedermos o direito de auferirmos prosperidade em nossas vidas. Há que se esclarecer que a Magia do Povo Cigano, ou Magia Cigana, como popularmente são conhecidas, quase nada tem a ver com as Entidades de Umbanda que se manifestam nesta linha de trabalho.

Os espíritos atuantes na religião nesta linha trabalham sob o domínio da Lei Divina e dos Orixás, conhecem magia como ninguém, mas não vendem soluções mágicas ou adivinhações. São exímios curadores e trabalham com a energia dos cristais e a cromoterapia. A Linha dos Ciganos nos traz axé – força – para abundância, fartura espiritual e prosperidade em nossas vidas.

## Linha dos Marinheiros

A Linha dos Marinheiros está ligada ao mar e às descargas energéticas. A descarga de um terreiro deve ser feita sempre ao final dos trabalhos caritativos. Há que se considerar que nem todas as casas de Umbanda têm aconselhamentos públicos com esta vibratória, o que é normal em nossa diversidade. Os marinheiros, adestrados psicólogos, conhecem profundamente a hipocrisia humana. Espíritos calejados viajaram e conheceram muitos países ao redor do mundo, são ecléticos e versáteis, nos ensinando a ter mais jogo de cintura, simbolicamente educam a ficarmos em pé mesmo com o sacolejo do navio, que nos balança, mas não nos derruba. São exímios destruidores de feitiços, cortam ou anulam todo "embaraço" que possa estar dentro de um templo ou, ainda, próximo aos médiuns trabalhadores. Infelizmente, muitos interpretam mal esta linha ou, o que é pior, são mistificados por espíritos beberrões que comparecem nos trabalhos para se embriagar, sorvendo os eflúvios etílicos de seus médiuns. Muitas casas deixam correr livres as bebidas alcoólicas, o que não tem nenhuma ligação com a genuína Umbanda; beber mediunizado, fato gerado por incúria de dirigentes e médiuns despreparados. O espírito-chefe da falange dos marinheiros que nos orienta foi um marujo português que veio para o Brasil no início da colonização; disse chamar-se Zé Luzeiro. Sua tarefa era guiar as embarcações que chegavam à Baía de Guanabara com mantimentos de Portugal até a costa, de forma segura. Por vezes, isso se dava à noite e, pela iminência de tempestade, entrava com seu pequeno barco e um candeeiro de óleo de baleia içado na proa (daí ser conhecido como Zé Luzeiro). Disse-nos que, assim como guiava as embarcações até um local seguro e evitava que elas encalhassem, nos ajudaria a conduzir as almas perdidas na crosta para o porto seguro do mundo espiritual. Zé Luzeiro coordena a falange de marinheiros para fortalecer as descargas energéticas que ocorrem ao final de cada sessão, auxiliando a condução, para o mundo dos espíritos, de irmãos sofredores desencarnados que estavam "grudados" nos consulentes. Não podendo ficar na contrapartida astral do terreiro em atendimento, são conduzidos pelos marinheiros para outro local vibratório mais indicado para eles, no plano espiritual.

Terminando estas breves elucidações sobre a linha dos marinheiros, seguem as palavras do próprio Zé Luzeiro: Dia chegará em que teremos memória integral e, sem o esquecimento transitório que nos faz suportar o retorno de nossos atos passados, conseguiremos mais saldo positivo que negativo na balança existencial. Hoje sou só Zé Luzeiro, um marinheiro ao dispor dos Orixás, a mando de nossa Mãe Iemanjá. Amanhã só quem sabe é Olurum. O certo é que continuarei sendo um espírito entre idas e vindas do barquinho, nas marolas do mar revolto da vida imortal, numa onda brava encarnado, noutra mais calma desencarnado.

### Linha dos Boiadeiros

Essas entidades trabalham de forma muito parecida com os caboclos Capangueiros de Jurema; são aguerridos, valentes, representam a natureza desbravadora, romântica, simples e persistente do homem do sertão, o "caboclo sertanejo". São os vaqueiros, boiadeiros, laçadores, peões e tocadores de viola; o mestiço brasileiro, filho de branco com índio, índio com negro etc. Também são "semelhantes" aos pretos velhos, pois representam a humildade, a força de vontade, a liberdade e a determinação que existe no homem do campo sua necessidade de conviver com a natureza e os animais, sempre de maneira simples, mas com força e fé muito grandes. Podem ser regidos tanto por Oxossi quanto por Iansã, pois eles têm muita autoridade de conduzir os espíritos sofredores – seus laços de laçar são campos de força de retenção no astral – da mesma forma que conduziam as boiadas no campo quando encarnados.

### Linha dos Malandros

A Umbanda, sendo uma religião de inclusão, dá abertura a todos para virem fazer a caridade. Os espíritos da Linha dos Malandros são oriundos dos grandes centros urbanos, notadamente o Rio de Janeiro. São cordiais, alegres, foram músicos, compositores, poetas, escritores, boêmios, dançam gingado quando incorporam, apresentam-se usando chapéus ao estilo Panamá e sua tradicional vestimenta é calça branca, sapato branco (ou branco e vermelho), terno branco, gravata vermelha e bengala. Ensinam-nos, sobretudo, o jogo de cintura que devemos ter para "driblar" os desafios da vida nas metrópoles. Assim é o malandro: simples, amigo, leal, camarada e verdadeiro. Nunca se deixa enganar e desmascara sem cerimônia a hipocrisia e a mentira. Apesar da figura folclórica do malandro urbano, de jogador, preguiçoso, são espíritos trabalhadores, benfeitores e detestam que façam mal ou enganem as pessoas. Têm grande capacidade espiritual para desamarrar feitiços e desmanchar trabalhos feitos. São experts para desembaraçar conflitos interpessoais no campo dos relacionamentos afetivos, notadamente quando as vítimas foram "magiadas".

### Linha dos Baianos

De modo geral, os baianos na Umbanda são espíritos alegres e um tanto irreverentes. Possuem grande capacidade de ouvir e de aconselhamento, conversam com calma e nunca se apressam, falam baixo e mansamente, são fraternais e passam segurança aos consulentes. São os espíritos responsáveis pela "esperteza" do homem em sua jornada terrena, que veio para a cidade grande e venceu todas as vicissitudes, muitas vezes pegando pesado como braço operoso na construção civil. No desenvolvimento de suas giras, nos terreiros que fazem sessões públicas com esta linha, os baianos trazem como mensagem principal o ensino para saber lidar com as adversidades de nosso dia a dia, enfatizando a alegria, a flexibilidade e a brincadeira sadia, assim descomprimindo o psiquismo pesado dos consulentes, fazendo que se abram, pois ficam à vontade e descontraídos na frente de um médium incorporado com um baiano. Muitos desses espíritos foram descendentes de escravos que trabalharam no canavial e no engenho. Foram iniciados por dentro das religiões de matriz africana, tendo um conhecimento muito grande das ervas e da magia. São habilidosos nos desmanchos de feitiçarias diversas, espíritos calejados e preparados para as demandas energéticas que ocorrem no astral.

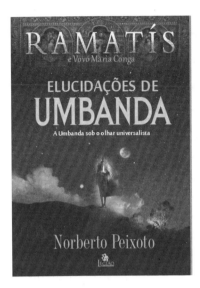

# A Umbanda sob o olhar universalista
## Norberto Peixoto

## SUMÁRIO

— Considerações do Médium
— Prefácio de Ramatís
— Respostas a um Ateu
— Experimentação na Matéria Densa
— Vida e Clonagem
— Consciência Cósmica
— Plano Divino de Evolução
— Fé Científica
— Congraçamento Mediúnico
— Umbanda e Apometria
— Magia Aumbandhã
— Oferendas e Magismo da Natureza
— Orixás, Corpos e Chacras
— Regência Vibratória dos Astros
— Sobre Mediunidade de Cura
— Sete Vibrações e Manifestações Mediúnicas
— Breve Elucidário Umbandista pelo Espírito Vovó Maria Conga
— Vivência Crística e Universalidade

*Relembramos alguns conceitos teosóficos e esotéricos mais relacionados com as filosofias orientalistas, precisamente o Budismo e o Hinduísmo, preparando o leitor para adentrar em temas diretamente relacionados com o Ocultismo umbandista, os quais, conforme compromisso assumido no Além, temos de apresentar: Umbanda e Apometria; magia; oferendas junto à natureza; Orixás, corpos e chacras; regência vibratória dos astros; manifestações mediúnicas e as sete vibrações ou linhas; breve elucidário umbandista na forma de perguntas e respostas, no qual fazemos as perguntas e responde Vovó Maria Conga, que na Umbanda dos homens se apresenta como preta velha laboriosa, Espírito de escol ao qual nos unimos por laços de afinidade desde eras que a nossa memória espiritual quase apaga.
É oportuno esse trabalho com Vovó Maria Conga para que sirva de referência aos umbandistas sérios e estudiosos, propiciando aos espiritualistas de boa fé, comprometidos com a união crística de todas as doutrinas da Terra e que se sentem atraídos por nossos singelos e despretensiosos escritos, maior "proximidade" com a Umbanda. Antes de qualquer definição, podemos afirmar que a Umbanda é crística por essência, tendo no Jesus humano a representação do Cristo Cósmico e do amor que prepondera no Universo entre as criaturas.
Ramatís*

## NO REINO DE EXU
### A retificação do destino
### Norberto Peixoto

*...Quando recebia as mensagens e as transpunha para o papel, sentia como se as entidades estivessem falando diretamente comigo, numa conversa coloquial, só que escutava como se suas vozes retumbassem dentro de minha cabeça.*

*Exu Calunguinha, na aparência de um menino branco batedor de carteira da Idade Média na Inglaterra, mostra-se sóbrio como muito homem grande não é. Bem-humorado, faz na brincadeira o que gente séria não teria coragem. Com um "português" por vezes sem uso nos dias atuais, alertava-me que o que vale são as ideias, para que eu as captasse em pensamentos e depois arrumasse do meu jeito, desde que ficassem fiéis ao que me ditara.*

*Senhor João Caveira, um Exu sério, de poucas palavras e muita ação. Como genuíno Exu de Calunga (cemitério), atua em faixas vibratórias que a humanidade teme, pois a maioria age como se fosse imortal.*

*Exu da Pedra Negra, apresenta-se como portentoso nativo andino, de tez acaboclada, cor de tijolo. Muito alto com braços grandes e mãos firmes, confidenciou-me que foi construtor de pirâmides no antigo Egito.*

*Exu Morcego, uma narrativa emocionante, real e repleta de sentimento. Num determinado momento que estávamos escrevendo juntos, senti a emoção, como se sua garganta engasgasse ao se lembrar de algo muito antigo; sua meninice no berço da Religião Tradicional Iorubá.*

*O autor*

### SUMÁRIO

**PARTE 1**
Exu Calunguinha
Calunguinha, ao seu dispor
Os primeiros estágios após a morte
As zonas purgatoriais
Tronqueira fechada
Entrevista com Exu Calunguinha

**PARTE 2**
Exu João Caveira
A legião de Exus Caveira
O feitiço virou contra o feiticeiro
Recepção na Calunga Pequena
Uma filha da corrente é atendida
Entrevista com Exu João Caveira

**PARTE 3**
Exu Pedra Negra
Acordei no Vale das Pedras
Finalmente, o sono dos justos
Preparo na Escola de Guardiões
Corre gira, tem sessão no terreiro
Entrevista com Exu Pedra Negra

**PARTE 4**
Exu Morcego
A queda do Pai de Segredo
A dependência do sangue
A escravidão aos feiticeiros
O fim do vampirismo espiritual
Entrevista com Exu Morcego